图表解 精益全面生产维护TPM推进实战

杨新刚 编著

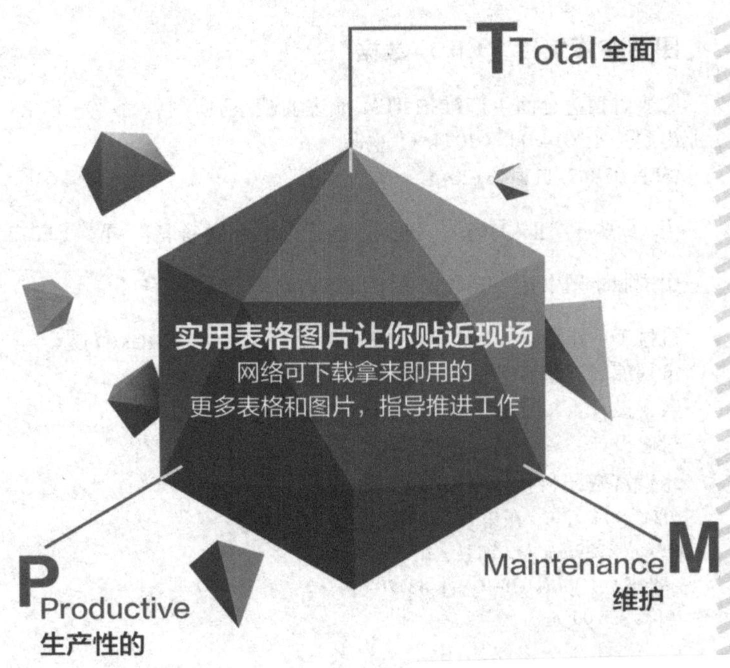

机械工业出版社
CHINA MACHINE PRESS

本书围绕推进精益全面生产维护（TPM）必须进行的三个步骤，介绍了思路、方法、案例、图表，实战性强。

本书作为企业推行 TPM 自主保养的实践性教程，共分 10 章，第 1 章主要介绍 TPM 的框架结构；第 2 章主要介绍提高设备效率的方法；第 3 ~ 7 章是本书的核心，详细介绍 TPM 自主保养步骤 0 ~ 3 活动具体展开的步骤和方法，以及常用的工具表单，并结合案例图片进行展示；第 8 章主要介绍目视化管理在 TPM 活动中的运用；第 9 章主要介绍润滑管理在 TPM 活动中的运用；第 10 章主要介绍 TPM 活动的效果评价指标及方法等。

本书流程化、图表化、案例化、标准化，梳理了 TPM 推进的框架，内容逻辑性强，阐述细致，浅显易懂，附有大量实际的优秀案例照片和表格，可以现学现用，具有较强的实践指导性，能让企业设备管理人员，尤其是基层员工快速上手。

本书可作为企业项目经理、TPM 项目推进人员指导书，也可作为全日制本科、大中专院校、职业院校涉及设备管理方面专业的补充参考教材。

图书在版编目（CIP）数据

图表解精益全面生产维护 TPM 推进实战/杨新刚编著. —北京：机械工业出版社，2014. 11（2024. 11 重印）
ISBN 978-7-111-48120-1

Ⅰ. ①图…　Ⅱ. ①杨…　Ⅲ. ①全面设备管理 - 研究　Ⅳ. ①F273. 4

中国版本图书馆 CIP 数据核字（2014）第 226196 号

机械工业出版社（北京市百万庄大街 22 号　邮政编码 100037）
策划编辑：李万宇　责任编辑：李万宇　何　洋
版式设计：霍永明　责任校对：张玉琴
封面设计：鞠　杨　责任印制：郜　敏
北京富资园科技发展有限公司印刷
2024 年 11 月第 1 版第 12 次印刷
169mm × 239mm · 13 印张 · 151 千字
标准书号：ISBN 978-7-111-48120-1
定价：45. 00 元

凡购本书，如有缺页、倒页、脱页，由本社发行部调换
电话服务　网络服务
服务咨询热线：010-88361066　机 工 官 网：www. cmpbook. com
读者购书热线：010-68326294　机 工 官 博：weibo. com/cmp1952
金 书 网：www. golden-book. com
封面无防伪标均为盗版　教育服务网：www. cmpedu. com

前 言

PREFACE

21 世纪的第二个 10 年，面对快速变化的顾客需求和日益增加的用工成本，在新的商业模式下，越来越多的企业采用规模化、自动化、柔性化的精益生产组织方式。设备管理作为企业精益管理的重要内容，是公司实现快速、高效、准时生产的基本条件保障。TPM（Total Productive Maintenance，全面生产维护）通过企业全员参与，建立设备全面预防保养系统，提高设备综合使用效率。它在日本、韩国、美国等国的企业中取得了不错的应用效果，因而被很多中国企业引入和推广。

在 TPM 理论被业界大量介绍、引入的情况下，企业面临着一个项目推进问题和困扰：缺乏一个简单实用、可操作的项目推进介绍，更没有 TPM 的相关实战经验指导，导致企业 TPM 的推进效果参差不齐。笔者从事多年的企业 TPM 项目咨询和辅导，总结出一套 TPM 实战项目推进步骤，通过图表化进行组织，同时分享了大量的成功优秀案例，以帮助企业尽量少走弯路，促使企业的 TPM 项目快速、高效推进。

本书作为企业推行 TPM 自主保养的实践性教程，共分 10 章，第 1 章主要介绍 TPM 的框架结构，第 2 章主要介绍提高设备效率的方法，第 3 章到第 7 章是本书的核心，详细介绍 TPM 自主保养步骤 0 ~ 3 活动具体展开的步骤和方法，以及常用的工具表单，并结合案例图片进行展示；第 8 章主要介绍目视化管理在 TPM 活动中的运用；第 9 章主要介绍润滑管理在 TPM 活动中的运用；第 10 章主要介绍 TPM 活动的效果评价指标及方法等。

本书的特色在于，结合TPM理论介绍及框架的梳理，内容逻辑性强，阐述细致，浅显易懂，附有大量实际的优秀案例照片和表格，可以现学现用，具有较强的实践指导性，能让企业设备管理人员，尤其是基层员工快速上手。

（1）流程化：详细介绍了每个环节的推进流程，逻辑性强。

（2）图表化：提供每个环节在实际工作中的图、表，供企业在实战中参考、运用。

（3）案例化：以实际推进的事例为样板，提供具有可操作性的学习案例。

（4）标准化：每一个步骤均有严格的推进实施标准，知识点阐述得细致、严谨。

本书在编写过程中，参考了一些书籍及网络上文章的部分观点，刊载了部分企业实施的优秀案例，也得到了许多朋友的关心和帮助。在此，致以最诚挚的谢意。

同时，在这里还要感谢这些年来信任、支持我的所有企业客户，谨以此书的出版来报答你们的厚爱！

最后衷心感谢机械工业出版社李万宇编辑，为本书的顺利出版提供了耐心、专业的指导和帮助。

本书可作为企业项目经理、TPM项目推进人员的指导书，也可作为全日制本科、大中专院校、职业院校涉及设备管理方面专业的补充参考教材。

编著者：杨新刚

目 录

CONTENTS

第1章 TPM的框架结构

1.1 TPM的历史与发展

1.1.1 TPM的起源

从世界产业的发展与演进来看，工业革命扮演着重要角色，是一个主要的分界点。工业革命之前，全部是家庭手工业作坊，这种手工作坊的特色就是从接单、设计、生产制造到销售全部由老板一人一手包办，生产效率低，生产量不大。

随着18世纪初西方封建制度的灭亡，贵族及大地主所享有的各种特权也随之消失，促成了自由贸易的形成，使得工商业的发展更为旺盛，为了满足市场的大量需求，便致力于改进生产模式与效率，以增加生产量，由此引发了工业革命，带来了巨大的生产效益。

美国为了顺应大量生产的需求，采用了专业分工，个人专精于自己的工作和技术。而生产制造业处于这个大量生产的年代，设备使用（生产人员）与设备保养（保养人员）的分工也非常明确，因此发展出了预防保养（Preventive Maintenance，PM）设备保养制度，即作业人员只负责设备的操作，设备的日常保养和定期检查与故障修理等保养工作，则完全属于设备保养部门人员。

1950 年以后，由于市场消费形态的改变，以及消费者的多样需求观念的改变，促使企业生产形态也不得不跟着改变。原来大批量的生产方式逐渐被多样少量的生产方式所取代，随之而来的设备保养方式也不一样。过去大量生产时代，为追求生产量的极大化，生产者充分使用与开动设备，使得设备因缺乏日常保养而导致强制劣化，故障频繁。设备维修人员只得忙于进行抢修，而疏忽了定期检查保养，更不用说做到改良保养。于是，在此恶性循环之下，设备强制劣化更加严重，设备寿命与效率受到严峻的考验。

1.1.2 TPM 的诞生

在 20 世纪 50—60 年代，第二次世界大战后，日本在向美国学习的过程中，将美国的 PM 生产保全活动引进日本，并以它为基准，创立了日本式的 PM。

日本于 1968 年开始确立全体生产和维护人员参与的 PM 活动。经过两年多时间，电装公司把在生产和设备部门开展 PM 活动所取得的巨大成果在全日本 PM 奖大会上发表，并一举获得 PM 优秀奖。电装公司 PM 活动的辉煌成果得到广泛认可，引起了业界的轰动，与会教授和学者在仔细审查了该公司现场后发现，制造部门 80% ~90% 的员工都参与了此项活动，于是在 PM 前加了“T”（Total），正式将该公司的 PM 活动命名为 TPM，以区别于美式 PM。

1971年，日本设备工程协会（Japan Institute of Plant Engineering，JIPE）加入了一些日本的想法与观念，创造出日本式的预防保养，开创了独特的TPM。之后，20世纪70—80年代，TPM正式得到日本设备维护协会（Japan Institute of Plant Maintenance，JIPM）的认可，并在日本企业界全面推广。随着“PM奖”授奖企业的急剧增加、向所有业务的不断扩展、从生产部门的TPM发展为全公司性的TPM，TPM目前已推广到全世界。可见，TPM不仅是有效改善企业体质的一套全面性生产管理做法，而且逐渐变成了一种文化。

1.1.3 TPM的发展进程

TPM的发展经历了从最开始的事后维修到预防保养最终到日本电装公司的全员生产维护保养等几个阶段，如图1-1所示。

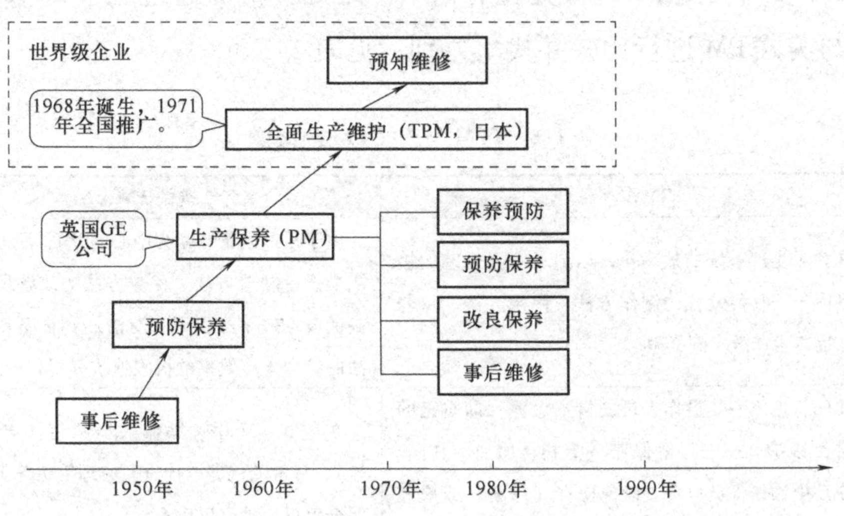

图1-1　TPM的发展进程

1.1.4 美式PM与TPM的区别

20世纪50年代初，日本最初的引进PM，如预防保养（Preventive Maintenance，PM）、改良保养（Corrective Maintenance，CM）、保养预防（Maintenance Prevention，MP）、可靠性工程学（Reliability Engineering）、保养性工学（Maintenability Engineering）等，很多都是从美国学习并引进的。那时一谈到PM，就被认为是“设备管理”的代名词，由此把美式PM普及到日本。日本人从美式PM中受到启发，将其加入了一些日本的想法与观念，创造出日本式PM，即现在的TPM（Total Productive Maintenance）。

TPM是日本创造的独特的全公司性设备管理方式，但毋庸置疑的是，它是以从美国学到的PM技术和方法为基础的。那么，传统的美式PM和日本创造的TPM究竟有何不同之处？可以通过观察TPM的特色，与美式PM进行比较并找出差别，见表1-1。

表1-1 TPM与美式PM的比较

TPM	美式PM
TPM为了生产系统的效率化，以追求综合效率的极限为目标——改善设备的制作方法、使用方法、保养方法，提高生产效率到极限	由于是以设备专家为中心的PM，因而只追求由设备制造方法、保养方法的改善所能提高的设备效率的极限，对渗透到设备使用方法的综合生产效率的极限追求得不到满足
TPM的特色之一是操作人员的自主保养（即自己的设备自己维护）——日常保养（清扫、加油、紧固、点检等）由操作人员负责，设备检查（诊断）或修理由专门的保全负责人员负责	在美式PM中，操作人员只管生产（运转），日常的保养、检查、修理等保养工作由保全负责人员全权负责
在TPM中，推行全员参与的小组活动——在编制一体化的小组活动中，从经营层、中间层到现场员工全员参加。 这被称为“重复小组活动”	美式PM没有推行全员参与的小组活动

1.2 TPM 的特色

1. TPM 追求生产系统综合效率的极限

在生产系统中，大部分是人—机器型系统，但随着自动化的进展，生产系统对设备的依赖性提高，其生产效率与设备制造方法，使用方法，保养方式、方法的适合性有着密切的关联。

在 TPM 中，改善了设备制造方法、使用方法和保养方法，以去除因故障或操作准备的调整所引起的停止损失、瞬间停止和速度低下所引起的速度损失、工序不良或在初级阶段收益低下所引起的不良损失。其目的在于把生产系统的综合效率提高到极限。

对此，传统的美式 PM 是以设备专家为中心的解决方式，通过改善设备的制造方法，保养方式、方法来追求设备效率的极限，可一旦涉及设备的使用方法，生产系统综合效率的极限将得不到保证。

2. 操作人员的自主保养（即自己的设备自己维护）

一般人们把需要处理的事情分为重要的事情和紧急的事情，如果不做重要的事情，就要常常去做紧急的事情。比如，锻炼身体保持健康是重要的事情，而看病则是紧急的事情，如果不锻炼身体保持健康，就会常常因为病痛而需要看病；又如防火是重要的事情，而救火是紧急的事情，如果不注意防火，就要常常救火。

设备管理就是设备健康的管理。图 1-2 所示是 TPM 对于设备与人体的比较。如果将设备比作人的身体，那么，TPM 就相当于人的自我保健，最终达到增强免疫力、预防疾病和有效地延长寿命的目的；维修则相当于手术治疗，最终达到祛除疾病的目的。所以说，预防保养就是设备的预防医学以及设备健康管理的根本。

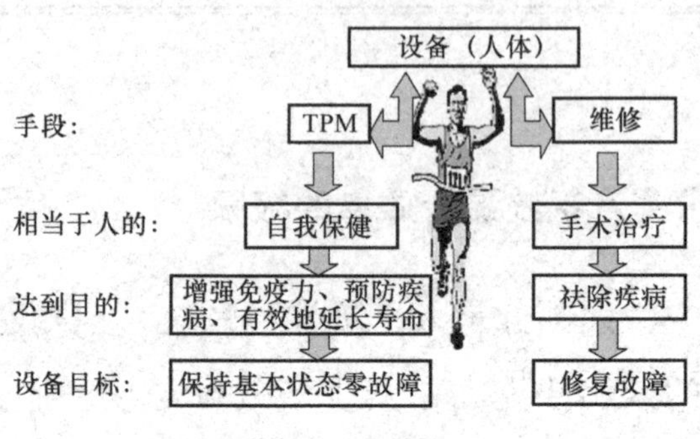

图1-2　TPM对于设备与人体的比较

身体的健康管理就是使人不生病。首先要从日常生活的疾病预防做起，然后定期接受专科医生对人体的健康检查，以期尽早发现异常并尽快治疗，从而来维持身体的健康。

同样，操作人员自己使用的设备由自己维护，这称为自主保养。故障或不良状况的发生就是设备的疾病。为了设备不生病，必须切实做好日常保养（清扫、加油、紧固、点检等）。然后，再让设备专科医生——维护人员来做定期检查（诊断），以期尽早修理（治疗）。

在美国，专业分工是非常规范化的。因此，操作人员只管生产（运作），保全是保全负责人员的工作。日常保全也被认为是保全负责人员的职责，与操作人员无关。TPM主张，如此的美式分工在自动化的不断发展下应重新进行检讨，即制造产品的是自动化设备，因而自动化设备的健康管理也应由操作人员来负责，对其进行日常保养。这样就改变了操作人员和保全负责人员之间的分工方式。

3. TPM是全员参与的小组活动

日本式管理体系除了小组活动之外没有其他。日本的小组活动大致分为编制主导型和支援型。TPM 的小组活动是编制主导型；支援型的代表实例是品管圈（QCC）活动。支援型小组活动就像品管圈（QCC）活动一样，以自己抽出时间自由参加为原则。

与之相对，TPM 小组活动就是与编制融为一体，员工自律完成小组的活动。如前所述，自主保养就是通过小组活动实现的。自主保养，即清扫、加油、紧固、点检等日常保养工作是由操作人员自觉完成的。这种自主保养已成为操作人员工作的一部分，这与“有人想做就做”的支援型是完全不同的。

人们把 TPM 进行的与编制一体化的小组活动称为“重复小组活动”。以各阶层类别为例，以厂长为领导人，以各车间主任为成员的管理者阶层小组，以班长等为成员的监督者阶层小组，以班员等现场员工为成员的小组，各自承担任务进行小组活动。

像这样的编制主导型的重复小组活动也是 TPM 的特色。与此相比，传统的美式 PM 不进行上述活动。

1.3　TPM 的基本理念和三大思想

1.3.1　TPM 的基本理念

1. 构筑盈利的企业体质

经济性地构筑“零”灾害、“零”不良、“零”故障、“零”浪费的企业体质。

2. 预防哲学（预先防止）

预防哲学即MP（保养预防）+PM（生产保养）+CM（改良保养）。

3. 全员参加（参与经营和相互尊重）

推行重复小组活动，操作者进行自主保养。

4. 注意现场现物

建立目视化管理体制，创建透明化的工厂。

5. 自动化、无人化

构筑不需要手工作业的工作单位。

1.3.2 TPM的三大思想

1. 预防哲学（Preventive Maintenance，预防保养）

（1）确立预防的条件（分析问题，防患未然）。
（2）排除物理性、心理性缺陷。
（3）排除强制劣化。
（4）消灭慢性不良状况。
（5）延长设备原有寿命。
预防哲学如图1-3所示。

2. "零"目标（Zero Defect，零缺陷）

（1）与同行的水平无关。

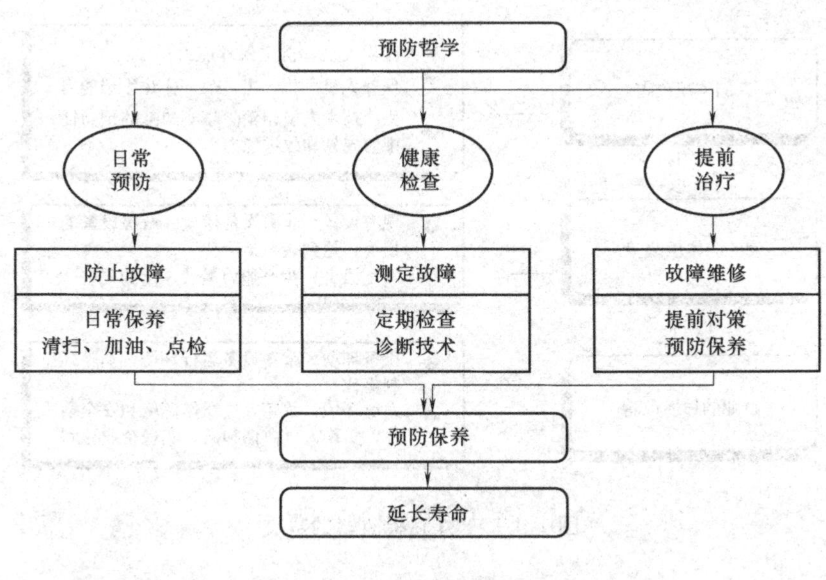

图 1-3　预防哲学

（2）如果追求“零”目标，那么在竞争中将容易取得胜利。

（3）如果同行也追求“零”目标，那么速度是胜败的关键。

3. 全员参与经营（Small Group Activity，小组活动）

（1）提高组织成员的能力。

（2）为提高成员热情而活跃组织氛围。

（3）使组织成果最大化。

1.4　推进 TPM 的目标

推进 TPM 的目标是“借由人与设备的体质改善而改善企业的体质”，即改变人的想法或行动，以改善现场现有设备的体质，并将其运用到设备的初期管理，同时，也由于体验了设备的体质改善，进而才能改善人的体质及企业的体质。TPM 目标改善的层次如图 1-4 所示。

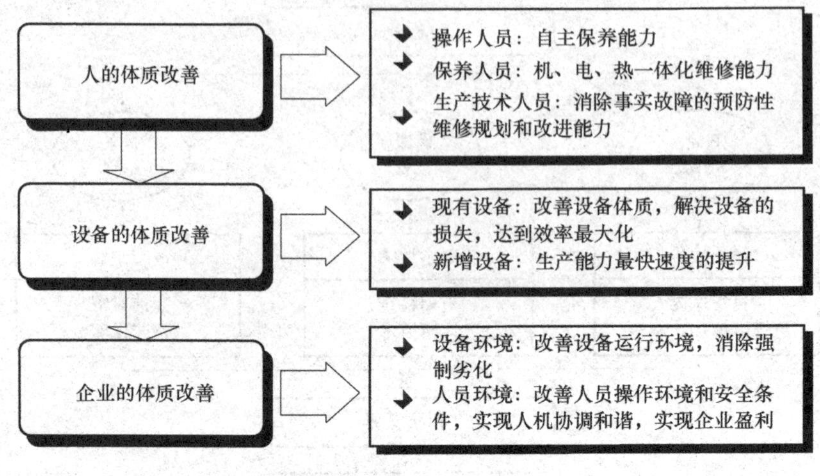

图 1-4　TPM 目标改善的层次

三个层次的改善也可表述如下：

1. 人的体质改善

（1）操作人员：自主保养的能力。
（2）保养人员：机械化设备的保养能力。
（3）生产技术者：免保养的设备计划能力。

2. 设备的体质改善

（1）现有设备经由体质改善达到效率最大化。
（2）新增设备的生命周期成本（Life Cycle Cost，LCC）设计与快速生产。

3. 企业的体质

（1）人机和谐统一，没有浪费的工作现场。
（2）企业持续创造利润的能力和成本竞争力增强。

4. 推进 TPM 的目标的四个“零”

推进 TPM 的目标具体来讲可以概括为四个“零”，即“零”灾害、“零”故障、“零”不良、“零”浪费（又称事故为零、停机为零、废品为零、速度损失为零）。

（1）“零”灾害（事故为零）。这是指设备运行过程中的事故为零。设备事故的危害非常大，不仅影响生产不说，还可能造成人身伤害，严重的甚至会机毁人亡。

（2）“零”故障（停机为零）。这是指计划外的设备停机时间为零。计划外的设备停机对生产造成的冲击相当大，会使整个生产匹配发生困难，造成资源闲置等浪费。计划停机时间要有一个合理值，不能为了满足计划外停机为零而将计划停机时间值定得很高。

（3）“零”不良（废品为零）。这是指由设备原因造成的废品数量为零。“完美的质量需要完善的机器”，机器是保证产品质量的关键，而人是保证机器好坏的关键。

（4）“零”浪费（速度损失为零）。这是指因设备速度降低造成的产量损失浪费为零。如果由于设备保养不好，设备精度降低，而不能按高速度使用设备，就等于降低了设备性能，从而造成了浪费。

1.5 TPM的定义

1. TPM的含义

TPM，Total Productive Maintenance，即全面生产维护。其中，T，Total（全面、全员）；P，Productive（生产性的）；M，Maintenance（维护）。

“Total”意为：由经营层至第一线作业员全员参与的Total；设备综合效率的Total；生产系统全体寿命周期的Total。

“Productive Maintenance”（生产维护）意为：最经济的保养，也

即生产上最经济的保养方法。

2. TPM 定义的变化

在 TPM 的发展期，TPM 的定义为：以追求设备最高效率为目标；建立以设备全寿命周期为对象的 PM 体系；涵盖设备计划部门、使用部门与保养部门；从经营层到基层员工，全员参与；属于动机式的管理，也就是以小组自主活动来推动 PM。

随着 TPM 的普及与发展，日本设备维护协会发现在追求生产效率化的过程中，仅仅依靠生产单位（直接参与生产的单位）的努力是远远不够的，还应该将开发、营业、管理等所有部门（间接生产部门）都纳入活动中，如此才能切实展现整体的成效。因此，于 1989 年重新将 TPM 定义为：追求生产系统效率化的极限（综合的效率化），以改善企业体质为目标；在现场现物架构下，以生产系统全体寿命周期为对象，追求“零”灾害、“零”不良、“零”故障、“零”浪费，并将所有损失在事先加以防止；除生产部门以外，还包括开发、营业、管理等所有部门；上自经营层下至一线员工，全员参与；经由编制一体化的重复小组活动来达到零损失的目标。

此定义的范畴扩展到全公司，TPM 也成为全公司的活动，并正式确立了现今人们都熟悉的 TPM 八大支柱。因此，此时期可称为 TPM 的成熟推广期。

3. TPM 的演进——21 世纪的 TPM

进入 21 世纪以来，日本设备维护协会重新检讨、分析了 TPM 活动的内容和成果，并结合产业界近十年的供需变化，发现 TPM 活动的效益不仅仅是提升生产效率，对经营效率的提升也应有所贡献。因此，在 2001 年提出“21 世纪的 TPM”的概念，并将 TPM 活动分为三个层次的活动，分别为：PART-Ⅰ——以降低制造成本为目标；PART-Ⅱ——以降低产品成本为目标；PART-Ⅲ——以提升企业现金流量为目标。TPM的演进如图1-5所示。

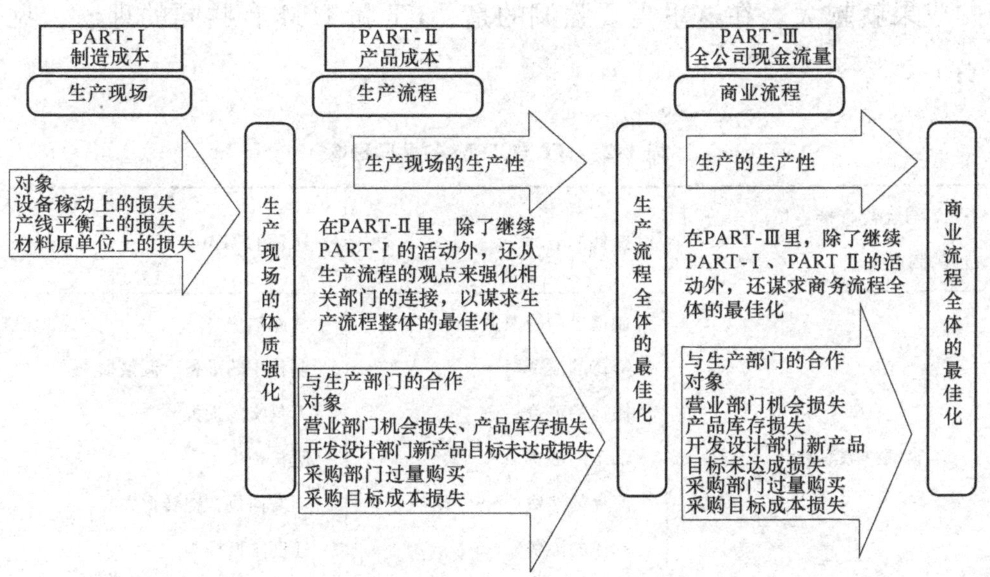

图1-5 TPM的演进

因此，TPM不再只是关注生产现场的损失，而是包含了经营活动中的一切损失；TPM不再只是全面生产维护（Total Productive Maintenance），而进化成为全面生产管理（Total Productive Management）。此时期可以说是TPM的进化转变期。

1.6 JIT和TPM的共同理念

JIT（Just In Time，准时生产方式）和TPM有不可分割的密切关系。在自动化、工厂自动化高度发展的今天，提倡生产“所需要的、所需时间内的、所需数量的”产品。为推进JIT，必须避免突发性故障和瞬间停止或出现不良情况，而且要极小化多品种少量生产的操作转换时间。TPM将使其成为现实，JIT在TPM的支持下将得到完全实施。根据TPM的实例来看，越是推行JIT生产的工厂，TPM取得的成果就越大。在这里需要强调的是，JIT和TPM有共同的理念，见表1-2。

表1-2　JIT与TPM的共同理念

1. 与经营直接连接的全公司性的制造技术	赚钱的IE[⊖]	赚钱的TPM
2. 彻底排除浪费	制造过剩的浪费 等待的浪费 搬运的浪费 加工的浪费 库存的浪费 动作的浪费 制造不良的浪费	故障损失 制程中的准备、调整损失 刀具交换损失 暖机损失 短暂停机、空转损失 速度降低损失 不良、人工返修损失
3. 防患于未然	防呆措施 预防重于治疗	保养预防（MP） 预防保养（PM） 改良保养（CM）
4. 现场现物主义	看板 目视管理	使设备恢复至应有状态 TPM活动管理板
5. 参与计划与尊重人性的管理	多能工 参加生产系统架构的计划 工作意愿	自主保养 “零”灾害、“零”故障、“零”不良、“零”浪费 创造明朗的现场

⊖ “赚钱的IE”即赚钱的工业工程里所涉及的改善手法、工具运用。参见大野耐一的著作《丰田式生产方式》。

1.7　TQC 与 TPM 的比较

随着 TPM 全公司性的展开，人们时常会提到已在产业界广泛普及的 TQC（Total Quality Control，全面质量管理）与 TPM 有何不同。TQC 与 TPM 的比较见表 1-3。表 1-3 中从目的、管理对象、达到目的的手段、培养人才、小组活动和目标六个方面比较了 TQC 和 TPM。TQC 和 TPM 的目的都在于“企业体质的改善（提高业绩和构筑有活力的工厂），但在其管理对象、达到目的的手段等方面，两者各有特色。

表 1-3　TQC 与 TPM 的比较

类　　别	TQC	TPM
目的	企业的体质改善 （提高业绩、构筑有活力的工厂）	
管理对象	品质（输出，结果）	设备（输入，原因）
达到目的的手段	管理体系化（系统化、标准化，软件改善）	实现现场现物的理想状态（硬件改善）
培养人才	管理技术中心（QC 技法）	固有技术中心（设备技术，保养技能）
小组活动	自主性的小组活动	编制一体化的重复小组活动
目标	PPM 等级的品质[㊀]	损失、浪费的彻底排除（“零”目标）

㊀ PPM 等级的品质意指每 100 万个产品中的不良品数。

1.8 TPM的八大支柱

企业成功实施TPM，需要多方面的工作。TPM以彻底的5S[⊖]活动、重复的小组活动、全员参与活动为基础，重在塑造团队精神，具有八大支柱展开的改善活动，分别为自主保养、计划保养、个别改善、教育训练、初期管理、间接效率、品质保养、环安管理，最终目标要达到客户最大满意和利润最大化。TPM的八大支柱如图1-6所示。

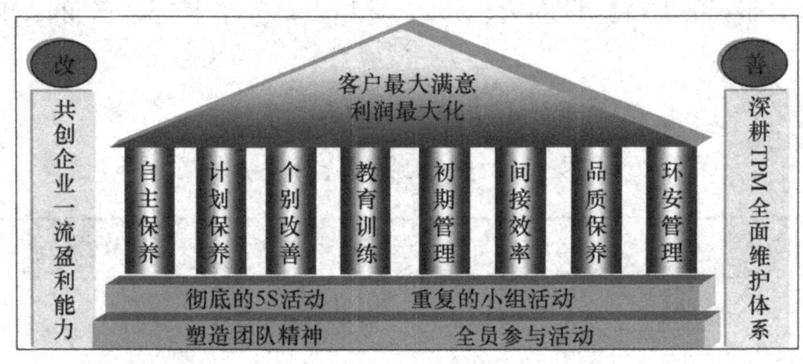

图1-6 TPM的八大支柱

下面对TPM八大支柱的内容进行具体介绍：

1. 自主保养体系的确立

自主保养即“自己的设备自己保养”。自主保养活动是以运转部门为中心，按七个步骤（见3.9节表3-5）展开的。自主保养的中心是防止设备的劣化。只有运转部门承担了“防止劣化的活动”，保养

⊖ “5S”是指整理（Seiri）、整顿（Seiton）、清扫（Seiso）、清洁（Seiketsu）和素养（Shitsuke）。因为这五个词在日语中罗马拼音的第一个字母都是“S”，所以简称为“5S”。

部门才能发挥出其所承担的专职保养手段的真正威力，使设备得到真正有效的保养。

2. 计划保养体系的确立

对于设备的维修和检查，必须制订计划。例如，制作检查表，促使生产部门的操作员工定期给机器加油、拧螺钉、擦灰尘；促使设备部门定时进行巡检，检查机器是否存在问题，然后利用生产的间歇对设备进行小修或大修。这些都是由整个计划来保障的，计划保养体系由设备部门领导完成。

3. 设备效率化的个别改善

为追求设备效率化的极限，最大限度地发挥设备的性能和机能，就要消除影响设备效率化的损耗。人们把消除引起设备综合效率下降的七大损失（见2.1节）的具体活动称为个别改善。

4. 教育训练

教育训练是指提高操作及保养的技能训练。培训和教育训练不仅是培训部门的事，也是每个部门的职责，并且应成为每个员工的自觉行动。

5. 初期管理体制的确立

采购某个设备时，要考虑设备的保养方法，以便购买到适合自己生产过程的最佳设备。如果错误地购买设备，不但浪费开支，还增加了保养的难度。因此，这一体制侧重考虑预防，即在设备购买或设计之前就充分考虑日后的保养问题。该体制主要由研发部门负责。

6. 管理间接部门的效率化

建立管理间接部门的效率化体制。管理间接部门的效率化主要体现在两个方面：一方面，要有力地支持生产部门开展 TPM 及其他生产活动；另一方面，应不断有效地提高本部门的工作效率和工作成果。

7. 建立品质保养体系

为了保持产品的所有品质、特性处于最佳状态，企业要对与质量有关的人员、设备、材料、方法、信息等要因进行管理，建立品质保养体系，对废品、次品和质量缺陷的发生防患于未然，从结果管理变为要因管理，使产品的生产处于良好的受控状态。

8. 安全、卫生和环境的管理

安全、卫生和环境等管理体制的形成以及“安全第一”是人们一贯的认识，但仅有意识是不够的，还必须有一套有效的管理体制予以确保。应建立和实施环境管理体系：一方面，保护环境是企业对社会应尽的责任；另一方面，也可以提高企业形象。所以，建立安全、卫生和环境的管理体制，目的是确保安全有保证，卫生、环境不断改善。

1.9 TPM 推进的 12 个步骤

TPM 的推进应严格按照循序渐进的步骤进行，具体展开可分为 4 个阶段、12 个步骤、见表 1-4。

表 1-4　TPM 推进的 12 个步骤

阶　段	步　骤	要　点
导入准备阶段	1. 最高经营者的 TPM 导入决议宣言	在全公司会议中宣誓，并刊登在公司内部刊物上
	2. TPM 导入教育和实践活动	依阶层分别导入教育（经营者、管理者、现场小组）
	3. 成立 TPM 推进组织	委员会、专门分科委员会、事务局、示范小组
	4. TPM 的基本方针和目标设定	学习交流和预测目标效果
	5. 制订 TPM 推进计划	从导入准备阶段至落实阶段
导入开始阶段	6. 召开 TPM 启动大会	邀请关系单位、协助单位（如客户、供应商）
导入实施阶段	7. 构筑生产部门效率化体制	追求生产部门效率化的极限
	7.1　个别改善	开展项目专案活动、小组活动
	7.2　自主保养	按步骤进行诊断，并采取合格证制度
	7.3　计划保养	改良保养、定期保养、预知保养
	7.4　运转、保养技能训练	对组长的集中教育和对组员的传达教育
	8. 构筑新产品新设备的初期管理体制	开发容易制造的产品，制造容易使用的设备
	9. 构筑品质保养体制	不出现不良的条件设定及其维持管理
	10. 构筑管理间接部门的效率化体制	生产支援、本部门的效率化、设备的效率化
	11. 构筑安全、卫生和环境管理体制	构筑零灾害、零公害的体制
落实阶段	12. TPM 完全实施和提高水准	挑战更高的目标，接受 TPM 奖审查

在导入准备阶段充分准备之后，开始导入 TPM。根据企业规模的不同，所花费时间有所差异。从第 1 导入准备阶段到导入开始阶段，即第 1 ~5 步的完成，一般需要 3 ~6 个月。TPM 开始后，随即进入导

入实施阶段。之后，在落实阶段，即第12步接受TPM奖审查。从TPM的开始到接受TPM奖的审查一般需要2.5~3年，在员工较多的大规模企业，有时需要3~5年的时间。

TPM奖是为了“促进设备管理的现代化，开发设备管理技术，谋求改善与强化企业体质，并对产业发展贡献心力”，由日本设备维护协会（JIPM）发起设立的。其目的是对优秀的TPM活动进行审查与表扬。考虑到全球企业推行TPM及TPM奖审查的方便性，JIPM已将TPM奖审查业务完全授权6家审查机构，分别是中国台湾财团法人中卫发展中心、英国汽车制造商和贸易商协会（SMMT）、韩国标准协会（KSA）、印度工业联合会（CII）、泰国包装/印刷协会（TPA）与法国维维工程师协会（AFIM）。

如果国内企业在TPM推行到一定阶段水平后，觉得具备一定水准，可以向我国台湾财团法人中卫发展中心申请TPM奖审查。

1.10 企业为何要推行TPM

1. 企业传统设备维护观念决定了企业要推行TPM

（1）操作工只管开机；维修工只管维修设备。

（2）操作和维护有严格的分工。

（3）设备总是要坏的，发生故障是正常的。

（4）设备坏了是维修工的工作，修不好是其水平不够。

2. 企业设备维护现状决定了企业要推行TPM

（1）设备故障多，检修时间长，严重影响正常生产。

(2) 虽然早已制定了岗位职责制和检修计划，但由于生产不能停，所以设备仍不能按期检修维护。

(3) 设备部员工每天在抢修设备故障，生产线警示灯一亮，就成了救火队。

(4) 维修不彻底，没有分析根本原因，同样的故障多次发生，令人“防不胜防”。

(5) 操作工缺乏统一培训，技能不均，并且不遵守操作规程，甚至野蛮操作。

(6) 设备综合效率（OEE）不足 50%，甚至更低。

3. 企业内、外部环境的现状决定了企业要推行 TPM

企业内、外部环境的现状也决定了企业必须走推行 TPM 的道路。企业内、外部环境的现状如图 1-7 所示。

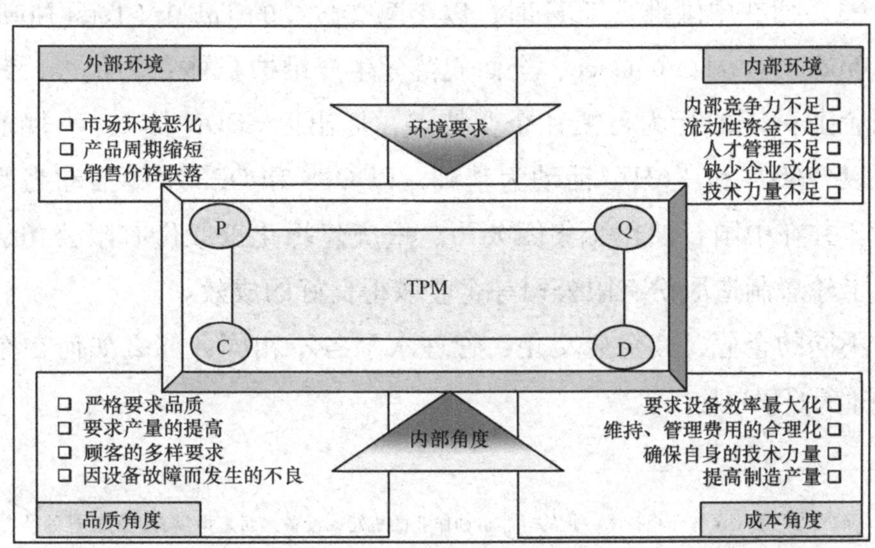

图 1-7 企业内、外部环境的现状

1.11 如何在企业成功推行TPM

TPM在几十年的发展和推广过程中，主要有以下三种模式：

(1) 以丰田为代表的日本原装TPM模式，是强调以自主保养为主，以全员参与和5S为基础，其他七大支柱平行展开的模式。这是因为丰田是以改善来实现JIT（准时生产方式）和人字边自働化㊀为目标的生产系统，乃至整个供应链的改善为行动方案，并以TPM为支撑基础，而最终构架成完整的丰田运作模式。所以，原始的TPM是以自主保养为核心的。

(2) 韩国企业在推行TPM时，采取的是课题改善和自主保养双推动模式，运用比较成功的企业有三星、LG等。

(3) 而在中国推行TPM时，以李葆文教授的TnPM（Total Normalized Productive Maintenance，全面规范化生产维护）体系为代表，针对中国企业员工的行为习惯和企业特点，提出以SOON体系㊁为规范核心，以"6S"和"6H"活动为基础，以OPS和OPL课题活动为改善推动，并在中国石油化工集团公司、重庆建峰化工股份有限公司、中信戴卡轮毂制造股份有限公司等企业取得良好的成效。

不同的企业，其企业文化、管理水平各不相同，那么如何在企业成功推行TPM呢？

㊀ 人字边自働化又称停止技术，指的并非自动作业的机器或设备，而是指具有人的智慧的装置，能够判断异常，在异常发生时能自动停止，从而能防止不合格品大量生产。

㊁ 在TnPM体系里，除了生产现场操作员工参与的规范化活动之外，精心设计的预防维修体系仍具有重要的实践意义。这个体系称为SOON流程，即"Strategy—On-site-information—Organizing—Normalizing"，意思为"策略——现场信息——组织——规范"流程。

1. 结合企业的实际情况进行导入

TPM 是一项全员参与的管理活动，虽然核心内容是对生产设施的自主保养，但在实施时却会受到各方面的影响，包括团队协作、各部门之间工作的配合服务意识、员工士气、领导层的决心等诸多因素。所以，企业在推行 TPM 前应做好充分准备，注意氛围的营造和软环境的平台搭建，包括激励机制设定、推行组织结构设定、样板线（机台）先行、最高领导者的决心等。只有做好充分的准备工作，TPM 工作才能取得预期效果。

2. 进行充分的沟通

要与员工进行面对面沟通，让每一个人在充分理解 TPM 的基础上开展工作，这样改善活动才容易开展、推行下去。不能让员工觉得公司推行的这项活动只是增加了他们的工作，让他们的工作更加繁杂，这样就很难推行成功。要想让客户满意，首先要让员工满意；要想让员工满意，必须先让员工理解。

3. 从三大要素上下功夫

（1）提高工作技能。不管是操作工还是设备工程师，都要努力提高工作技能。如果没有好的工作技能，全员参与将是一句空话。

（2）改进精神面貌。只有具有良好的精神面貌，才能形成好的团队，共同促进、共同提高。

（3）改善操作环境。通过开展 5S 等活动，创造良好的操作环境，一方面可以提高员工的工作兴趣及效率，另一方面也可以避免一些不必要的设备事故。现场整洁，物料、工具等分门别类摆放，也可使设置调整时间缩短。

4. 持续关注"10 个关键"

（1）领导层的决心是成功的关键。

（2）得到领导层的理解与支持是成功的关键。

（3）确立并实施目标是成功的关键。

（4）各阶层主动履行职责是成功的关键。

（5）大力推进重点改善是成功的关键。

（6）制造健康、优良的产品是成功的关键。

（7）切实的自主管理是成功的关键。

（8）全员参与、形成合力是成功的关键。

（9）彻底的持续改善是成功的关键。

（10）有特色地开展工作是成功的关键。

1.12 推行 TPM 能给企业带来的效益

企业成功推行 TPM 可从 P、Q、C、D、S、M 六个方面取得良好的效益，见表 1-5。

表 1-5　TPM 活动的效果

TPM 活动的效果	TPM 活动的有形效果	TPM 活动的无形效果
1. 生产效率 P：Productivity	1. 生产（人和设备）效率提高	1. 员工的改善意识、参与意识增强
2. 产品质量 Q：Quality	2. 不良品率降低	2. 员工的技能水平提高
3. 生产成本 C：Cost	3. 设备效率改善	3. 积极进取的企业文化形成
4. 交货期 D：Delivery	4. 生产及管理周期缩短	4. 员工的精神面貌改观、自信心增强

（续）

TPM 活动的效果	TPM 活动的有形效果	TPM 活动的无形效果
5. 安全 S：Safety	5. 库存量减少，资金积压减少	5. 企业凝聚力增强
6. 员工士气 M：Morale	6. 生产成本降低	6. 企业整体形象改善
	7. 顾客投诉减少，顾客满意度上升	
	8. 员工提案和发明创造能力提升	

1.13 TPM 活动展开推进的主计划

TPM 从导入准备阶段到落实阶段，并接受 TPM 奖审查的日程计划被称为“TPM 展开推进的主计划”。按 TPM 的主要活动类别，如在八大支柱各列举出细部项目，并提示出开始和完成日期；在导入实施阶段，按阶段提示出开始和预计的完成日程。

TPM 展开推进的主计划实例见表 1-6。

表 1-6　TPM 展开推进的主计划实例

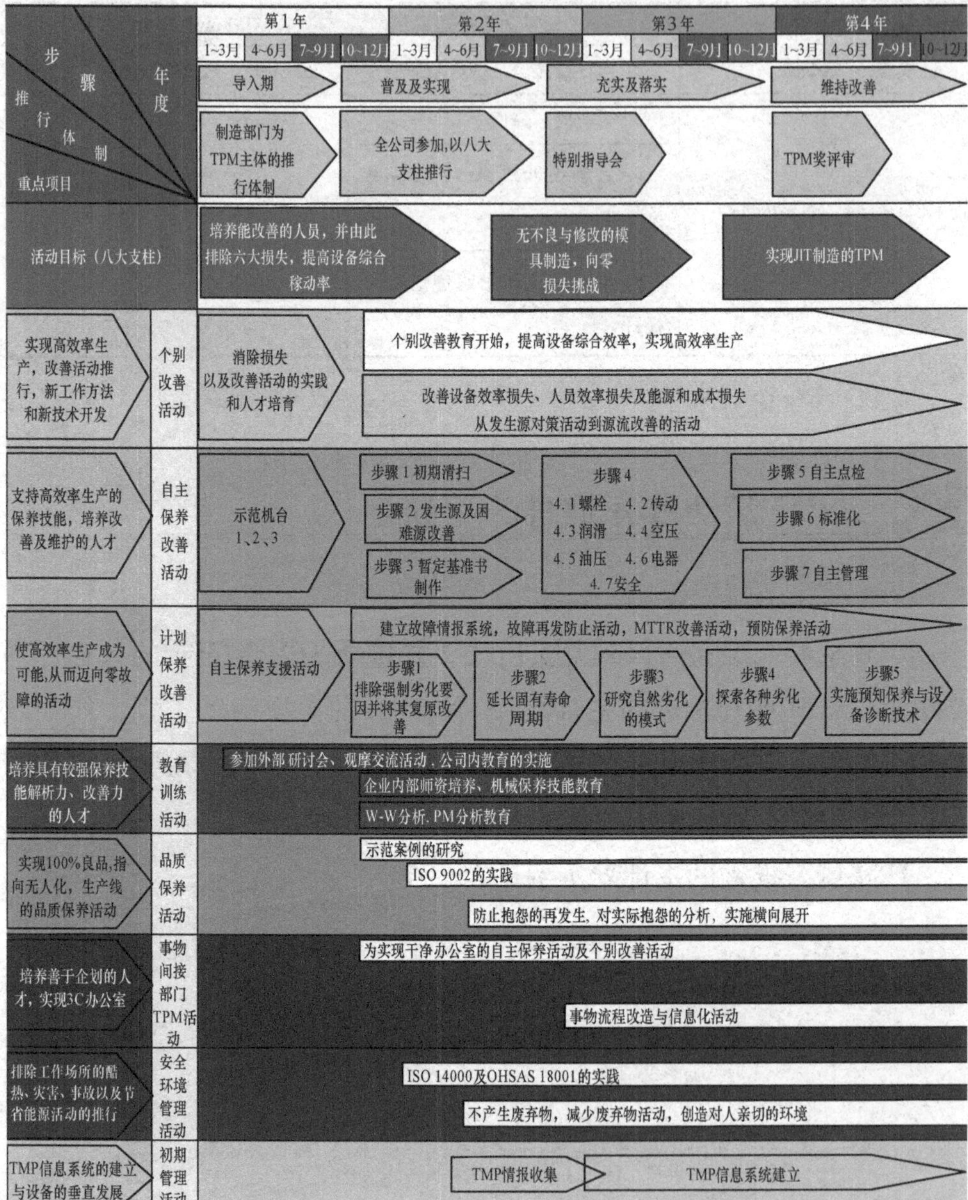

步骤 / 年度		第1年				第2年				第3年				第4年			
		1~3月	4~6月	7~9月	10~12月	1~3月	4~6月	7~9月	10~12月	1~3月	4~6月	7~9月	10~12月	1~3月	4~6月	7~9月	10~12月
推行体制		导入期				普及及实现				充实及落实				维持改善			
重点项目		制造部门为TPM主体的推行体制				全公司参加，以八大支柱推行				特别指导会				TPM奖评审			
活动目标（八大支柱）		培养能改善的人员，并由此排除六大损失，提高设备综合稼动率					无不良与修改的模具制造，向零损失挑战						实现JIT制造的TPM				
实现高效率生产，改善活动推行，新工作方法和新技术开发	个别改善活动	消除损失以及改善活动的实践和人才培育			个别改善教育开始，提高设备综合效率，实现高效率生产；改善设备效率损失、人员效率损失及能源和成本损失，从发生源对策活动到源流改善的活动												
支持高效率生产的保养技能，培养改善及维护的人才	自主保养改善活动	示范机台1、2、3			步骤1 初期清扫；步骤2 发生源及困难源改善；步骤3 暂定基准书制作				步骤4：4.1螺栓　4.2传动　4.3润滑　4.4空压　4.5油压　4.6电器　4.7安全				步骤5 自主点检；步骤6 标准化；步骤7 自主管理				
使高效率生产成为可能，从而迈向零故障的活动	计划保养改善活动	自主保养支援活动			建立故障情报系统，故障再发防止活动，MTTR改善活动，预防保养活动；步骤1 排除强制劣化要因并将其复原改善；步骤2 延长固有寿命周期；步骤3 研究自然劣化的模式；步骤4 探索各种劣化参数；步骤5 实施预知保养与设备诊断技术												
培养具有较强保养技能解析力、改善力的人才	教育训练活动	参加外部研讨会、观摩交流活动、公司内教育的实施；企业内部师资培养，机械保养技能教育；W-W分析、PM分析教育															
实现100%良品，指向无人化，生产线的品质保养活动	品质保养活动				示范案例的研究；ISO 9002的实践；防止抱怨的再发生，对实际抱怨的分析，实施横向展开												
培养善于企划的人才，实现3C办公室	事物间接部门TPM活动				为实现干净办公室的自主保养活动及个别改善活动；事物流程改造与信息化活动												
排除工作场所的酷热、灾害、事故以及节省能源活动的推行	安全环境管理活动				ISO 14000及OHSAS 18001的实践；不产生废弃物，减少废弃物活动，创造对人亲切的环境												
TMP信息系统的建立与设备的垂直发展	初期管理活动						TMP情报收集			TMP信息系统建立							

第2章 提高设备效率的方法

企业推行 TPM 活动是以追求生产综合效率极限化为目标的，它是以追求设备综合效率的最大化为改善切入点，进而推动企业的各项管理工作，最终追求企业效率的最大化。所以，要使设备效率达到最大化，就要明确影响设备效率的损失有哪些，如何克服和改善，以及衡量设备效率的核心指标及评价指标有哪些，等等。这样才能提高设备的效率，从而达到提高生产综合效率极限化的目标。下面就这两个方面进行说明。

2.1 设备的七大损失

作为企业基层的管理者，在日常的工作中，应该注意建立设备使用统计记录，对于生产线中的设备停机状态进行检查，明确哪台设备、哪个部位发生的停机次数最多，并予以优先解决。

要使设备达到最高效率，就要充分发挥设备所具有的功能和性能。所以，要彻底消除影响设备效率的相关损失。对于机械设备，常见的损失分类分为以下七种：

1. 故障损失

故障损失是指因设备机能停止或降低（包括生产停止和产量减少），为恢复机能而进行更换零件及修理，修理时间在5~10min以上者所造成的损失。

2. 换模、换线调整的损失

换模、换线调整的损失是指正在制作的产品生产完成后到下一个产品的切换、调整，直到生产出合格品为止的时间损失。

3. 刀具调整的损失

刀具调整的损失是指因砂轮、刀具等由于使用寿命或破损等因素需要更换而停止所造成的损失。

4. 暖机期间的损失

暖机期间的损失是指维修后开机、长期停机后开机、假日后开机、午休后开机，以及设备起动试运转、预热调整，直到稳定为止，期间所发生的损失。

5. 短暂停机、空转的损失

短暂停机、空转的损失是指因供料或其他异常原因造成瞬间停机（小于5min的停机）或空转损失，恢复正常所需时间2~3s以上、5min以下的。

6. 速度降低的损失

速度降低的损失是指设备因速度慢下来所产生的损失。由于设备的性能劣化，本来的性能运转速度不能达到理论值。如果提高速度的话，会造成不良、瞬间停止等情况发生；如果降低速度，则只能小心翼翼地操作。因此，设备的实际运行速度比其设计速度要慢。

7. 不良、返修品的损失

不良、返修品的损失是指因品质不良、人工整修所发生的质量损失（报废品），以及因人工整修所造成的时间损失。在正常运转中制造出没有满足规定品质的不良品或需要修正的不良品，经过修正后如果还不合格的话，就当做废品处理。这些均记为不良、返修品的损失。在现场，不是用一次合格率来评价，而是采用PPM来统计。

2.2 衡量设备效率的核心指标

制造业中，看似运作良好的生产车间，如果缺乏客观而全面的评估手段，实际上可能并不是在以最好的状态运行，设备和人员存在很大的浪费，无形中为企业带来了巨大的损失。为了解决这一问题，国际制造业提出了设备综合效率（Overall Equipment Effectiveness，OEE）的概念。

OEE是在TPM的实施过程中，衡量设备关联损失并加以改善，以达成设备效率化的一种方法，是衡量导入TPM是否有效的关键核心指标。

一般来说，一个企业设备的管理水平通常也可以在OEE数据上得以体现。设备管理水平低，OEE数值也不高。通过对OEE数据的分析，可以准确、清楚地知道设备效率如何，在生产的哪个环节有多少损失，以及可以进行哪些改善工作。企业通过长期对设备的OEE数据进行统计并作定期有效分析，可以轻松地找到影响生产效率的瓶颈，并进行有针对性的改善和跟踪。

2.3 何谓 OEE

OEE（设备综合效率）的本质就是设备负荷时间内的实际产量与理论产量的比值。

设备综合效率计算公式为

$$\text{OEE}=\text{时间稼动率}\times\text{性能稼动率}\times\text{良品率}$$

其中，时间稼动率 > 90%，性能稼动率 > 95%，良品率 > 99%。世界级的 OEE > 85%，而我国较先进的制造企业的 OEE 数据尚低于 85%。

2.4 设备综合效率的计算方法和相关定义

从 OEE 的计算公式可知，OEE 的组成包含时间稼动率（可用率）、性能稼动率（表现指数）和良品率（质量指数）三大指标。

1. 时间稼动率

设备效率的概念一向都是体现设备的时间性的活用度，时间稼动率是指设备需要生产的时候，可以用来生产的时间比例。其计算公式为

$$\text{时间稼动率}=\frac{\text{负荷时间}-\text{停机时间}}{\text{负荷时间}}\times 100\%=\frac{\text{稼动时间}}{\text{负荷时间}}\times 100\%$$

2. 性能稼动率

性能稼动率体现设备原来具备的性能可以发挥出多少，是指设备在生产的时候，有效生产的程度。其计算公式为

$$性能稼动率=\frac{理论周期时间\times投入数}{稼动时间}\times100\%$$

3. 良品率

良品率是指投入的数量中良品数量所占的比率。良品数是投入的数量中除去初期开始的不良数、工程内的不良数和不良修理品（再作业）数后剩余的数量。即

不良数 = 初期开始的不良数 + 工程内的不良数 + 不良修理品（再作业）数

$$良品率=\frac{投入数-不良数}{投入数}\times100\%=\frac{良品数}{投入数}\times100\%$$

4. 各计算公式中的概念及对应的损失说明

OEE 的项目参数及对应损失如表 2-1 所示。

表 2-1　OEE 的项目参数及对应损失

代　号	项　目		
A	（工作时间）上班到下班的时间（包括加班）		
B1	计划损失	停机（SD）损失	用餐时间
B2			工间休息时间
B3			会议时间
B4			停工不生产时间
B5			设备点检、润滑及开展 5S 活动的时间
B6			其他约定停止时间
B			计划停止时间 B = B1 + B2 + B3 + B4 + B5 + B6

（续）

代　号	项　目	
C	设备负荷时间 C = A − B	
D1	停止损失	1. 设备故障时间
D2		2. 换模、换线时间
D3		3. 条件调整时间
D4		4. 暖机时间
D		停机时间 D = D1 + D2 + D3 + D4
E	设备稼动时间 E = C − D	
F1	性能损失	5. 待料造成设备空转短暂停机
F2		6. 速度下降 =（实际周期时间 − 理论周期时间）× 产量
F		性能损失时间 F = F1 + F2
G	净稼动时间 G = E − F	
H1	不良损失	7. 不良报废损失（C/T × 报废数）
H2		8. 不良返修时间
H		不良损失时间 H = H1 + H2
I	总投入数量（包括合格与不合格品及返修）	
J	理论周期时间（理论 C/T）	
K	实际周期时间（实际 C/T）	
L	不良产品数量（报废）	
M	不良返修数量（返修）	
N	时间稼动率 =（负荷时间 − 停止时间）/负荷时间 = 稼动时间/负荷时间 = E/C	
O	性能稼动率 = 理论 C/T × 总投入数/稼动时间 = J × I/E	
P	良品率 =（总投入数 − 不良数 − 返修数）/总投入数 =（I − L − M）/I	
OEE = N × O × P		

5. 单台设备 OEE 的计算方法举例

某工厂实施 8h 作业体制，上班时间包括早会、检查、清扫等 20min，上、下午期间各休息 15min。

有一台设备，因为市场需要，每天加班 30min。该设备理论周期时间为 0.8min/件。在正常稼动时间内应生产 575 件，但实际仅生产出 418 件，实际测得的周期时间为 1.1min/件，当天更换刀具及故障停机时间为 70min，不良率维持在 2%。请问该设备的设备综合效率为多少？

解　根据题目已知条件得知：

A：实际作业时间 =（480 + 30）min = 510min

B：计划停止时间 = 50min

C：负荷时间 =（510 − 50）min = 460min

D：停机时间 = 70min

E：稼动时间 = C − D =（460 − 70）min = 390min

F：总投入数量 = 418 件

G：良品率 = 98%

H：理论周期时间 = 0.8min/件

I：实际周期时间 = 1.1min/件

（1）时间稼动率 $= \dfrac{\text{负荷时间} - \text{停机时间}}{\text{负荷时间}} \times 100\% = \dfrac{(460-70)\ \text{min}}{460\text{min}} \times 100\% = 84.8\%$。

（2）性能稼动率 $= \dfrac{\text{理论周期时间} \times \text{投入数}}{\text{稼动时间}} \times 100\% = \dfrac{0.8\text{min/件} \times 418\ \text{件}}{390\text{min}} \times 100\% = 85.7\%$。

（3）良品率 = 98%。

综上所述，则

$$\begin{aligned}\text{OEE} &= \text{时间稼动率} \times \text{性能稼动率} \times \text{良品率} \\ &= 84.8\% \times 85.7\% \times 98\% = 71.2\%\end{aligned}$$

6. 生产线 OEE 的计算方法举例

某工厂生产线 1 天工作时间为 8h，加班 3h，班前计划停机 30min，故障停机50min，更换产品型号设备调整30min，产品的理论加工周期时间为0.8min/件，一天共加工产品200件，有10件废品，该生产线设备共有7台，其中最长的周期时间为2min/件。求这条生产线的OEE。

解 根据题目已知条件得知：

A：实际作业时间=(480+180)min=660min

B：计划停止时间=30min

C：负荷时间=(660-30)min=630min

D：停机损失时间=80min

E：稼动时间=C-D=550min

F：总投入数量=200件

G：良品率=[(200件-10件)/200件]×100%=95%

因为该生产线周期时间最长的工序为瓶颈工序，故以这台设备的周期时间为基准计算，即2min/件，那么计算方法如下：

(1) 时间稼动率=(550min÷630min)×100%=87.3%。

(2) 性能稼动率=(2min/件×200件÷550min)×100%=72.7%。

(3) 良品率=95%。

综上所述，则

$$OEE=87.3\%\times72.7\%\times95\%=60.3\%$$

7. 多品种生产线OEE的计算方法举例

在许多企业的日常生产中，一条生产线可能会做混线生产，经常生产的产品规格有几十种，每种产品相应的理论加工时间都不相同。例如，某生产线年停机时间统计表见表2-2。

表2-2 某生产线年停机时间统计表 （单位：h）

日历时间	计划停机时间	外部因素	故障时间	换线调整时间
8760	360	403	550	1214

该线的产品种类所需生产时间及良品率统计表如表 2-3 所示。

表 2-3　各产品种类所需生产时间及良品率统计表

产品型号	年产量/件	理论周期时间/（min/件）	所需生产时间/min	不良品数/件	良品率（%）
A	96299	0.138	13289	1925	98
B	347837	0.12	41740	3478	99
C	511411	0.114	58301	15342	97
D	339603	0.108	36677	3396	99
E	1453444	0.105	152612	14534	99
F	365653	0.095	34737	7313	98
G	118750	0.089	10569	1187	99
合计			5799h		98.4

求这条多品种生产线的 OEE。

解　根据题目已知条件得知：

A：实际作业时间 = 8760h

B：计划停止时间 = （360 + 403）h = 763h

C：负荷时间 = （8760 − 763）h = 7997h

D：停机损失时间 = （550 + 1214）h = 1764h

E：稼动时间 = C − D = 6233h

F：所需生产时间 = 5799h

G：良品率 = 98.4%

1）时间稼动率 = (6233h/7997h) × 100% = 77.9%。

2）性能稼动率 = (5799h/6233h) × 100% = 93%。

3）良品率 = 98.4%。

综上所述，得

$$OEE = 77.9\% \times 93\% \times 98.4\% = 71.3\%$$

2.5 设备管理评价的两大指标——MTBF 和 MTTR

由 2.4 节可知，OEE 是衡量设备效率的核心指标。同样，在设备的管理活动中，对设备的信赖性和保养性方面也有两大评价指标——MTBF 和 MTTR。

2.5.1 MTBF

1. MTBF 的概念及说明

MTBF（Mean Time Between Failures，平均故障间隔时间）是用来衡量本次故障发生与上次故障发生的间隔时间长短的指标。

MTBF 的数值越大，表明相对发生故障的频率就越低，则被衡量对象的信赖性越高，相对寿命也越长。被衡量的对象可以是设备本体，也可以是设备上的某一个关键零部件。

从设备管理的角度来看，如果 MTBF 的数值越大，则表明设备故障次数越少，相对因为设备故障而导致的生产中断次数就越少，而相对生产中发生的故障损失成本就越少，生产成本、交货周期就越好管理。这也体现了设备管理对生产活动的重要支撑作用。

2. MTBF 的功能

在一个企业的设备管理活动中，MTBF 的功能可以体现在以下几个方面：

（1）预测设备关键零部件的寿命。

（2）制订合适检修计划的重要依据。

（3）作为设备备品备件库存设定的依据。

（4）作为定期点检项目、基准设定的依据。

（5）可以提供设备信赖性、免保养性设计技术的重要参考数据。

3. MTBF 的计算公式

$$\text{MTBF}=\frac{\text{总运转时间}}{\text{总故障次数}}$$

2.5.2 MTTR

1. MTTR 的概念及说明

MTTR（Mean Time To Repair，平均故障修复时间）是指故障后到修复好的平均时间。它是用来衡量一个系统容易维护保养性的指标。MTTR 数值越小，表明修复的时间越短，系统的易维护、保养性程度越高。

2. MTTR 的功能

在一个企业的设备管理活动中，MTTR 的功能可以体现在以下几个方面：

（1）衡量设备的结构设计是否容易维护保养，可以作为设备选型购买时的重要参考。

（2）衡量不同维护人员对相同设备上零部件的维修技能水平，为后续的人员技能培训计划实施提供重要参考。

（3）可以与 MTBF 指标一起，预测设备失效时，对企业生产的影响度，作为生产计划调整的依据。

3. MTTR 的计算公式

$$\text{MTTR}=\frac{\text{故障修复时间总和}}{\text{故障次数}}$$

2.6 MTBF 与 MTTR 计算举例

某设备运转情况如图 2-1 所示，计算 MTBF 与 MTTR。

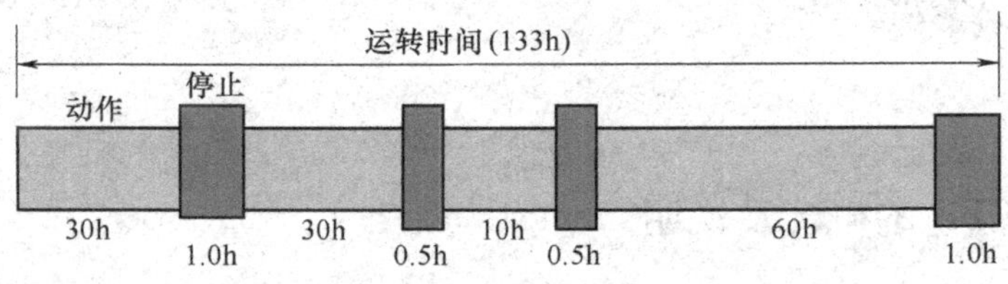

图 2-1　某设备运转情况

解

$$\text{MTBF}=\frac{133\text{h}}{4\text{ 次}}=33.25\text{h/次}$$

$$\text{MTTR}=\frac{3\text{h}}{4\text{ 次}}=0.75\text{h/次}$$

2.7 七大损失与 OEE

计算设备综合效率不是目的，目的是通过计算明确损失，采取对策，提高设备效率。

通常来说，任何一台设备 OEE 的数值高低与日常生产中七大损失的多少是密不可分的。它们之间的关联性很强，如图 2-2 所示。

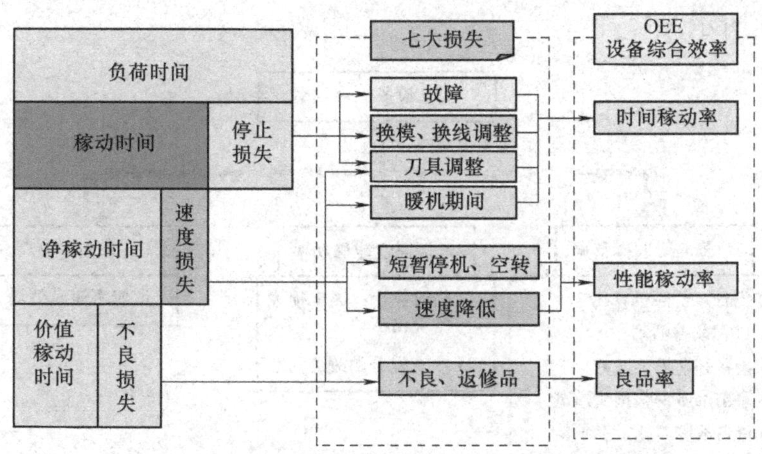

图 2-2　七大损失与 OEE 之间的关联

说明：

（1）在有些资料里面，将换模、换线调整，刀具调整，以及暖机期间所用时间全部定义为事前准备调整时间。实际上，这是不严谨的。因为在刀具调整、暖机期间也可能产生不良品，所以在这里特别将其区分开来。

（2）在流程型企业中，设备没有换模、换线及刀具调整的损失，但是其操作前的检查、盘车、点动等可算入稼动方面的停止损失。

2.8　如何提升 OEE

由图 2-2 可知，如果要提升设备的 OEE，就必须尽力想办法减少生产活动中的七大损失。只有这样，才能提升设备的综合效率。所以，要学会分析七大损失产生的原因，从中找到改善的切入点，得到要改善的项目。

下面，用反推的方法来找到提升设备综合效率的途径和改善方法，如图2-3所示。

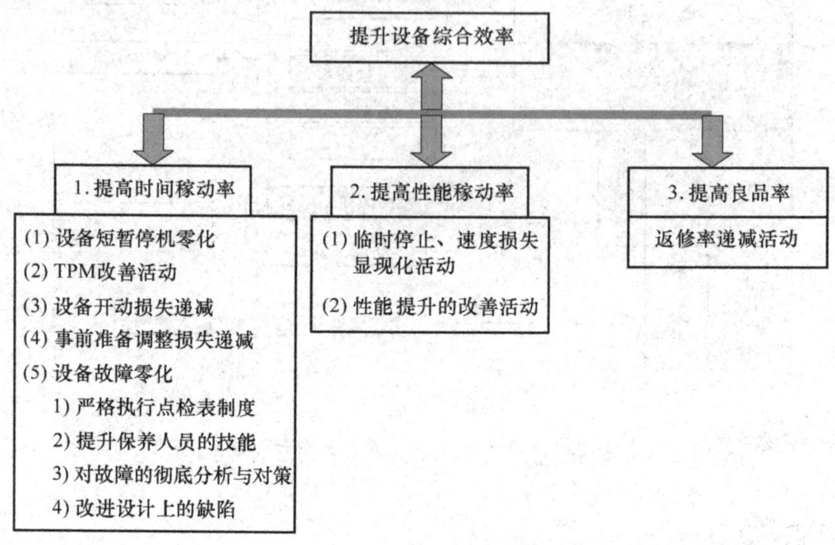

图2-3　提升设备综合效率的途径和改善方法

第3章 自主保养的推行

TPM 的特色之一就是生产部门参与到保养活动中。在现代激烈的竞争环境中，许多企业已经认识到保养活动对企业生存的重要作用，并且开始要求操作员工主动参与到设备管理活动中来。

在许多企业中，质量控制（Quality Control，QC）小组和各种形式的改善活动广为普及，自己的业务自主管理，不仅步入了良性轨道，还进行了深入、彻底的思考，形成了“自己的设备自己维护”的自主保养意识。

3.1 自主保养的定义

自主保养活动就是每一个作业者以“自己的设备自己维护”为目的，对自己的设备和装置依据特定的标准，实施日常清扫、点检、加油、锁紧、更换零件、修理、早期发现异常、校正精度等作业，如图3-1和图3-2所示。

图3-1 自主保养的内容

Management—Operators—Maintenance—Engineers
管理人员—操作工—维护人员—技术人员

Treating the equipment like it is *your own*!
(把设备当作自己的物品!)

图 3-2 自主保养示意图

在日常生产活动的基础上，为了使操作人员具备开展自主保养活动的能力，必须进行必要的设备构造、机能、操作、原理方面的培训，以使每个工作人员都能按标准开展自主保养活动。同时，在此过程中，每一位作业人员均要抛弃所谓的“我是负责生产的人，你是负责修理的人”的思考方式，以及“设备出现故障”应由设备维修部门负责，有可能是他们的维修水平不高、设备选型有误，与我没有关系”等旧观念。

如果工作人员进行简单的紧固和加油、清扫作业，就可以防止设备故障的发生；而且在日常操作与接触设备的过程中能够感知其异常，也可以事先防止设备故障的发生。

3.2 自主保养的基本思想

随着设备的自动化、复杂化，保养技能逐渐分化，“生产部门负责制造，保全部门负责维修”的观念固定化，大大地阻碍了维护设备的效率。为改善这样的体制，企业开展了自主保养活动。自主保养的基本思想如图 3-3 所示。

（1）对于设备出现的机能停止和性能低下等问题，只要所有使用设备的工作人员转变思考方式和行为方式，就可以把设备变成“零”故障、“零”不良的设备。

（2）设备改变人就会改变，人改变现场就会改变。

（3）以管理者为主导，全员参与，并以阶段式的方法切实地推进实施，从而达到自我实现。

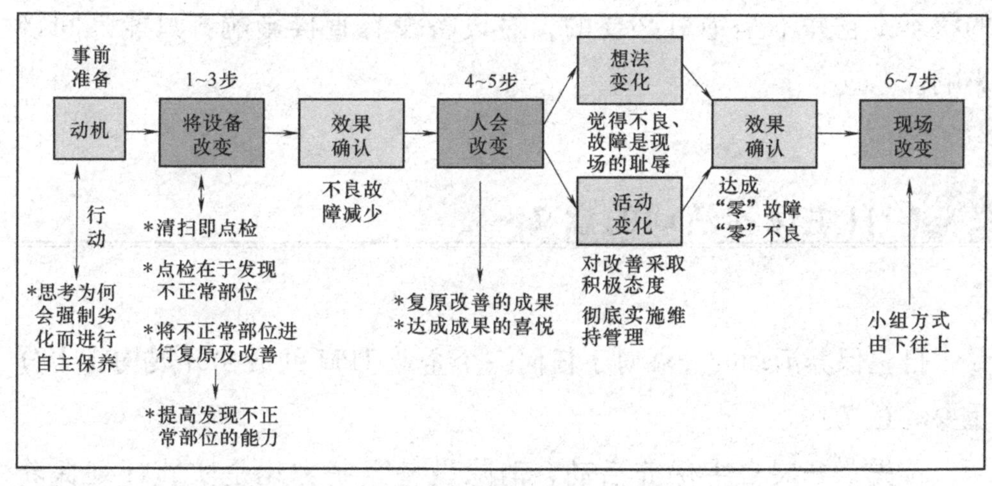

图 3-3 自主保养的基本思想

3.3 自主保养活动的目的

自主保养活动的目的简单来讲就是要消除设备的强制劣化，使设备能经常维持在一个应有的状态（正确地清扫、点检、加油、锁紧，无跑、冒、滴、漏，使设备本体及周边干净整洁等），最终真正做到“自己的设备自己维护”，成为对设备专精的操作人员。

要达到以上目的，必须通过以下几个方面实施：

（1）通过小组活动、保养技能教育改变工作人员的固有思想，达到意识革新。

（2）通过日常正确地操作、点检，达到防止设备劣化的产生。

（3）通过劣化的复原、基本条件整合，达到实现设备应有的状态。

应有状态是指为了让设备发挥并维持最高的机能和性能所需具备的条件，是一种“如果有会更好，如果不满足也不会使设备停止”的状态。它并不是绝对必要的，对设备没有直接影响，只能是间接影响。

3.4 自主保养活动的意义

自主保养活动的开展对于任何一个企业TPM的成功开展均有十分重要的意义。

首先，开展自主保养活动、消除设备强制劣化是实施计划保养和个别改善的前提。同时，自主保养活动也是企业建立优秀计划保养体系的基础。

如果把设备比作婴儿，婴儿的母亲就是设备的操作者，那么给婴儿换尿布、喂奶、清洗、确认婴儿是否发热感冒等就是母亲必须做的事情。相对应地，给设备加油、清扫，发现漏油、发热及振动不良等就是设备操作者自主保养的内容。设备部门相当于婴儿的医生，目的只是预防疾病发生和迅速处理问题。设备与婴儿的对比如图3-4所示。

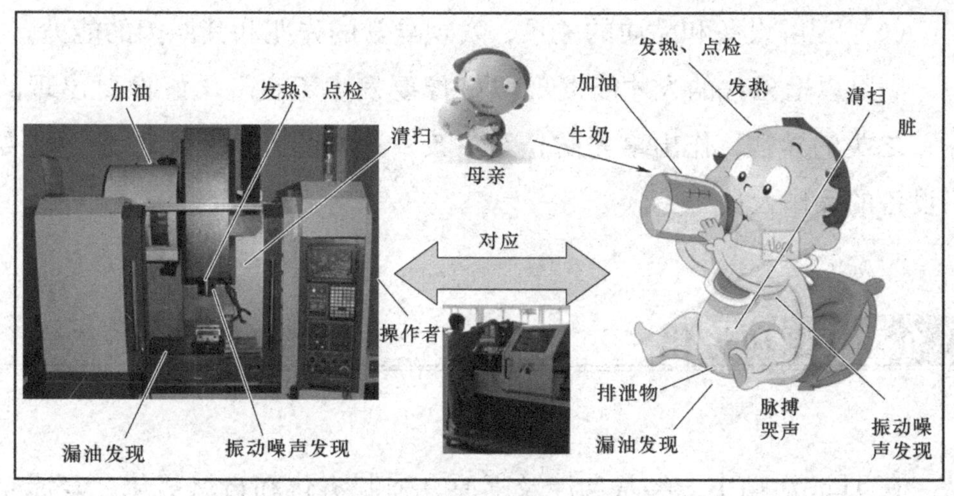

图3-4　设备与婴儿的对比

3.5 操作人员应具备的能力

为了保证自主保养活动的顺利进行，操作人员要精专于设备。操作人员不仅要进行正确的设备操作，而且还要会清扫、加油、点检、锁紧等日常的保养工作。尤其是在设备自动化程度越来越高的今天，这一点显得尤为重要。所以，操作人员最需要掌握的是发现异常的能力和判断设备或品质异常的能力。为此，需要具有以下几种能力和行动力：

（1）能正确地设定正常和异常的判定基准（设定条件的能力）。

（2）能确切地遵守条件管理的规定（维持的能力）。

（3）能迅速地对异常情况进行正确处理（处理及维修的能力）。

此外，每个操作人员还要培养以下能力：

（4）发现设备问题的能力和进行改善的能力。

（5）理解设备的结构、性能，发现异常原因的能力。

(6) 理解设备和品质的关系，发现异常的先兆和其原因的能力。

满足以上条件的人才能发现“好像要发生不良”“好像要出现故障”之类的异常，作出事先防止及对策，这样的人员才能称为“精专于设备的操作人员”。

3.6 复原和劣化

在TPM活动中，经常会涉及复原、强制劣化和自然劣化。复原是什么？强制劣化和自然劣化如何区分？下面就针对这几点进行解释说明。

1. 复原

复原是指恢复到正常状态。比如，设备脏乱，把它擦拭干净；电动机罩的紧固螺栓松动，把它重新锁紧等。这些活动都可以称为复原。因为设备当初自购买后进厂安装时，一定是干净的，螺栓也一定是锁紧的。

2. 劣化

所有的设备随着时间的变化都会发生条件的变化，需要恢复到正常的状态。变化的程度根据设备的特性有所不同，有的变化急剧，有的变化缓慢。一般情况下，有一种变化在不知不觉中产生，虽然变化的程度很小，但如果没有进行复原就会产生很大的影响。而大的变化很容易被人发现，会产生很大的影响，造成较大损失，这种变化就称为劣化。

随着时间的推移，劣化程度逐渐升高，有时会影响到相关的设备，如图 3-5 所示。

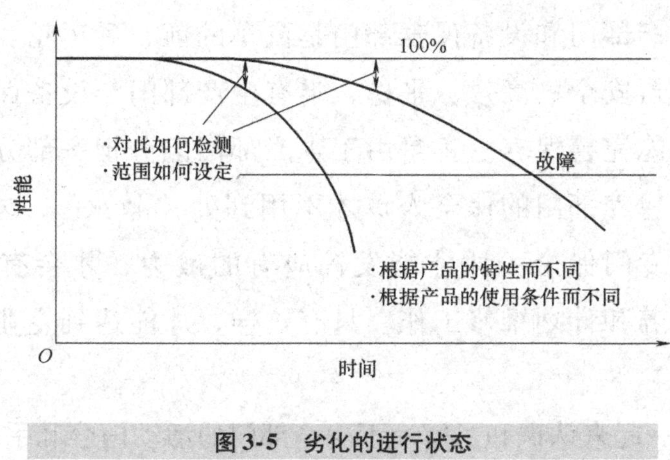

图 3-5　劣化的进行状态

3. 劣化可分为自然劣化和强制劣化

自然劣化是指除人为因素和环境因素的影响，设备在正确的操作使用过程中产生的自然损耗。强制劣化是指因错误操作或没有遵守标准操作条件，而对设备或部件造成损坏。例如，在该加油的地方没有加油或清扫不够，漏油、缺油、灰尘、污垢等，均属于强制劣化的表现。人们经常说："现场是强制劣化的源头。"

日本设备工程协会对设备发生故障的原因数据统计分析表明，设备故障的 70% 属于简单型故障，而这些都是由于设备发生强制劣化所引起的。所以，要降低设备故障，首先应从消除设备的强制劣化开始，而这一切均要依靠自主保养活动的成功开展方能达到。这足以体现出自主保养活动在 TPM 中的重要性。

3.7　生产部门的活动

TPM 自主保养活动的进行是以生产部门为主开展的。作为生产部门，应该分担一部分设备保养的内容。如果把设备比作一辆汽车，那么生产部门和设备保养部门是汽车的前、后车轮。要想使设备这辆车跑得安全、高效、平稳，唯有生产部门与设备保养部门相互协作，才能完善保养。正是由于生产部门能分担一部分设备保养工作，设备保养部门的保全人员才不用到处“救火”。这样，设备保养部门的专门保全手段才能发挥应有的威力，才会有时间做设备的预防保养和计划维修工作。只有这样，才能达到企业利润最大化的目的。

下面就一起来认识和了解一下生产部门的活动内容和手段。

生产部门的活动内容分为防止劣化的活动、测定劣化的活动以及劣化复原的活动。生产部门的活动内容和手段见表3-1。

表3-1　生产部门的活动内容和手段

活动分类	活动的手段
防止劣化的活动	1. 强制劣化的排除（清扫、加油、点检） 2. 正确的操作（人为错误的防止） 3. 基本条件的准备（清扫、加油、点检） 4. 调整（主要是操作的调整） 5. 其他不良状况记录 6. 与设备保养部门的合作 重要
测定劣化的活动	1. 日常点检 2. 定期点检的一部分 → 主要靠人的“五感”
劣化复原的活动	1. 小故障、小整备（简单的零件更换或紧急处理） 2. 迅速、准确地发现故障及不良状况 3. 对突发修理的协助

3.8 设备保养部门的活动

如前面所讲，TPM 自主保养活动的顺利也离不开设备保养部门的大力配合协助。所以，下面一起来认识和了解一下设备保养部门的活动内容和手段。

设备保养部门的活动内容主要分为防止劣化的活动、测定劣化的活动以及劣化复原的活动与教育训练活动两部分，分别见表3-2和表3-3。

表3-2 防止劣化的活动、测定劣化的活动以及劣化复原的活动内容和手段

活动分类	活动的手段
防止劣化的活动	1. 改良保养（信赖性） （1）提升强度 （2）减轻负荷 2. 对生产部门的支援
测定劣化的活动	1. 定期点检（要求高技能或技术的领域） 2. 定期检查 3. 分解检查 4. 倾向检查 （1–4：重要）
劣化复原的活动	1. 突发修理 2. 对生产部门的支援

设备保养部门作为企业的专业设备管理部门，因为其设备方面的专业知识比生产部门要强，所以在TPM活动中，还必须承担对生产部门人员教育训练的任务和责任。

表3-3 教育训练活动的内容和手段

活动分类	活动的手段
教育训练及其他	1. 对生产部门的活动支援 2. 确立计划保养体制 3. 保养技术的研究和保养标准的设定 4. 保养记录、效果测定、保养资讯系统的建立 5. 备用品、润滑管理体制的建立 6. 参与初期管理活动 7. 夹治具和技术资料

3.9 设备保养活动的分类和分担

本节将对设备保养活动的分类及其分担进行整理，并说明其中各个部门要分担的内容。为达到设备保养的目的，一般可进行如下活动：

1. 维持活动：防止故障、维修故障

（1）正常操作：正确地操作设备。

（2）日常保养：预知保养、定期保养。

2. 改善活动：延长寿命、缩短保养时间、取消保全

改善活动包括以下两个方面，而且要并行推进。

（1）改良保养：可靠性改善、保全性改善。

（2）保养预防：不需要保养的设计等。

这些活动在实施时包含在防止劣化的活动、测定劣化的活动和劣化复原的活动中。关于劣化的这三项活动，虽然存在手段、内容的差异和强弱，但忽视任何一项都会达不到保全的目的。

一般来讲，忽视防止劣化的活动的情况较多。虽然防止劣化的活动在保养当中是最基本的活动，但在许多企业的设备管理活动中还是容易被忽略。许多企业把重点放在定期点检或测试精度上，这不能不说是本末倒置。所以，只有充分理解各项活动的目的，全面实施对策，才是确立完善的保养体制的根本。设备保养的分类和分担见表 3-4。

表 3-4　设备保养的分类和分担

目标	手段分类		实施活动			分担	
			劣化防止	劣化测定	劣化复原	运转	保养
提高设备综合效率	维持活动	正常运转	正确操作			◎	
			准备交替调整			◎	
		日常保养	清扫、潜在缺陷的找出、措施			◎	
			加油			◎	
			拧紧			◎	
			使用条件，老化的日常检查			◎	
					小整修	◎	
		定期保养		定期点检		○	◎
				定期检查			◎
					定期整修		◎
		预知保养		倾向检查		○	◎
					不定期整修		◎
		事后保养		情况的早期发现和确定及时的措施		◎	
					突发修理		◎
	改善活动	信赖性改良保养	提高强度			○	◎
			负荷的减轻			◎	○
			提高精度			○	◎
		保养性改良保养		状态监测系统的开发		◎	○
				检查作业的改善			
					整修作业的改善		◎
					提高整修品质		◎
		预防保养	MP活动			◎	◎

注：◎表示主担当；○表示副担当。

3.10 自主保养的展开步骤

由 2.5 节中介绍的内容可知，设备故障的 70% 均属于简单型的故障，而这些所谓的简单型的故障则是由设备的强制劣化导致的微缺陷引起的。所以，要降低设备故障，就必须努力消除使设备发生故障的源头和微缺陷，而自主保养活动的推行正是最有效的手段。下面通过灰尘对设备故障的影响这一实例进行分析。

对于许多人来说，小小的灰尘会导致设备故障的发生简直是天方夜谭，是不可能发生的，可事实是的确会发生。灰尘与故障的关系如图3-6所示。

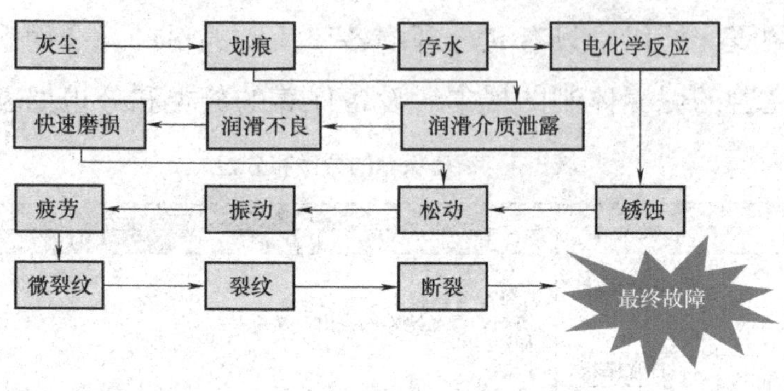

图3-6 灰尘与故障的关系

又如图3-7所示的设备故障金字塔，300件微缺陷中隐藏了29件频发故障，而29件频发故障中又隐藏了一件突发重大故障。这也称为海因里希法则。结合图3-6所示的案例可知，灰尘就是故障隐患源头，就是300件微缺陷中的一件。所以，开展自主保养活动，一定要先从初期清扫步骤开始，找出设备的微缺陷，逐步复原、改善，使之保持在基本状态。

自主保养活动的七个步骤有其各自不同的活动要点。只有对每个步骤的活动要点进行全面理解，才能对自主保养活动有一个整体把握，从而更好地做好自主保养，为企业挽回不必要的损失。自主保养的开展步骤、活动内容及活动目标见表3-5。

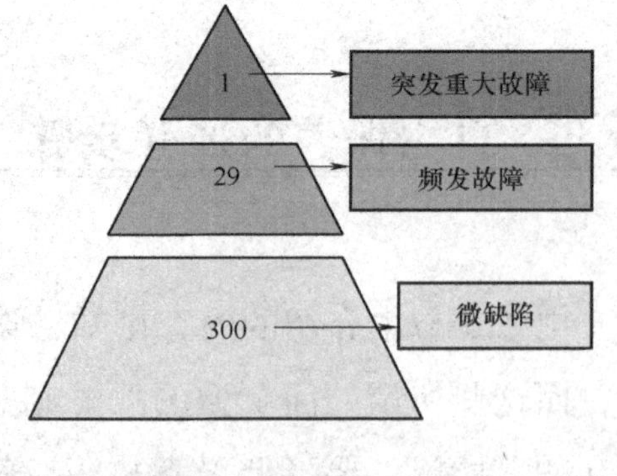

图3-7 设备故障金字塔

表3-5 自主保养的开展步骤、活动内容及活动目标

步骤	名称	活动内容	活动目标		备注
			设备	人	
步骤1	初期清扫	以设备为中心，将灰尘、脏污一起清扫，实施加油、锁紧、发现不正常的部分并将之复原 清除不要物品，设备工具、备品的整理、整顿	防止因灰尘、污垢所致的强制劣化 经由清扫，指出潜在的微缺陷，并予以复原 指出难以清扫、加油、点检的部位 清除设备周边的不要物品 适当的加油	经由亲手接触设备以养成对设备的爱心 培养能发现设备不正常的能力 认识清扫的重要性	指出应清扫的重点部位 指导清扫的重要性（教育） 制作诊断表 有关操作责任分担事宜
步骤2	发生源、困难部位对策	灰尘、脏污的发生源、飞散的防止 改善清扫、加油、锁紧、点检困难部分，以缩短点检时间 区分日常检查的重点部位优先顺位 整理改善内容与效果的确认	经改善发生源、困难部位，使其成为容易进行清扫、点检的设备 提升其保养性	从身边着手改善，学习对于改善设备的想法和操作方法，以增进技术能力 享受改善的乐趣	改善设备的想法和操作方式 标准的制作方法 实施目视管理与指导技能

（续）

步骤	名称	活动内容	活动目标		备注
			设备	人	
步骤3	自主保养暂定基准的制作	制作短时间内能切实维持清扫、加油、锁紧、点检的行动基准 通过改善使之容易进行点检与目视管理	设法维持设备保养基本条件的清扫、加油、锁紧三要素	自己的决定，自己切实遵守 自己体会对于责任的意识	制作标准类的技术、技能 检讨设备应有的状态，并加以明确化
步骤4	总点检	依据点检手册进行点检技能教育，并实施总点检，找出设备微缺陷并复原 制作自主点检标准	进行设备的外观总检查，以谋求劣化的复原与提高信赖性 处理不正常部位与改善点检困难部位 点检的效率化	学习点检技能 熟悉设备的功能、构造 学习资料的归纳与活用的方法 通过改善活动，以促进活性化 学习传达教育的重要性	制作总点检训练教材 建立教育训练日程 实施领导人教育 教育训练的追踪 制作总点检手册及查核表
步骤5	自主点检	制定出切实有效的维持清扫、加油、点检的基准，制作并实施自主点检查核表	经由总点检，切实维持劣化复原的状态	“自己的设备自己维护”的观念进一步强化	指导资料的完全分析方法

（续）

步骤	名称	活动内容	活动目标		备注
			设备	人	
步骤5	自主点检	实施自主点检查核表 改善目视管理，设法提高操作性	改善为操作性优良的设备	自己制作基准并执行 学习自主管理应有的状态	有效率的设备管理应有的状态与保养方法
步骤6	标准化	实施各种现场管理项目的标准化，谋求维持管理的完全系统化	提高设备的可靠性、保养性及操作性 检讨设备与环境的配置以及改善	管理技术的提升 扩大自主管理的范围 目视管理的贯彻	指导标准化的技术等 管理标准的修订与贯彻
步骤7	自主管理彻底化	公司方针、目的的展开与改善活动的落实 切实地实施 MTBF 分析记录（可以目视管理的故障记录），以促进设备的改善	依据各种资料的分析改善设备，以提高设备的可靠性、保养性、操作性 维持设备综合效率达到最高	提升目标意识与体会包括保养成本的成本意识 学习简单的修理方法；学习记录、分析、改善技术	对于改善设备的技术支援 改善内容的标准化 修理技能的教育训练

3.11 基本条件整备在自主保养中的重要性

基本条件是指设备三要素，即清扫、加油、锁紧。设备具备基本条件，对防止劣化、不产生故障有重要作用。

在设备保养活动中，保养的基本——防止劣化的活动是操作部门的保养活动，但是，防止劣化的活动也需要将基本条件的整备作为最重要的内容。因为大部分设备故障是由于设备劣化而发生的。特别是强制劣化会加速设备的劣化，最容易诱发设备的故障发生。

因此，设备保养必须排除强制劣化，也就是确实清扫、加油、锁紧，并以维持管理为基本条件。

首先，把为实现灰尘、污垢的完全排除和潜在缺陷表面化的“清扫”，防止漏油、防止磨损的“加油”，以及防止螺钉、螺母的变松或脱落和防止误动作破损的“锁紧”作为基本整备，来达到防止强制劣化的目的。

1. 清扫

清扫就是清除设备上的灰尘、污垢。设备的润滑系统、液压系统、电气控制系统等，会因灰尘、污垢引起磨损、泄漏、动作不良、通电不良、精度低下等，从而形成故障，产生不良品。人们将其称为污垢、异物对设备的强制劣化。为了防止设备的强制劣化，首先要进行彻底的清扫。

清扫并不只是为了看起来干净。进行清扫的时候会接触到设备的各个角落，所以清扫不仅是为了去除灰尘和污垢，对模具、夹具的磨损、晃动、缺陷、松紧、变形、开裂、振动、异常噪声等潜在缺陷的显现化也具有重要的意义。

总之，“清扫就是点检”。对长时间没有进行清扫的设备进行彻底的清扫，有时可能在一台设备上发现200~500处潜在微缺陷。

2. 加油

设备在没有加油的情况下是不可能正常运转的。但在大部分的制造现场，中转箱、加油器等都是空的状态或被灰尘和污垢所覆盖，有时还可能因为加油管道堵塞，发生长时间的泄漏。

如果没有及时加油，不仅可能成为造成故障发生的直接原因，而且会因磨损和温度上升等问题加速设备的劣化，从而影响扩大到设备整体。所以，如果加油不充分、不及时，就说明负责此工作的人员关心不足。

3. 锁紧

因螺钉、螺母产生的衔接部位的脱落、断裂、松懈，对设备的影响非常大。举例来讲，轴承套件、模具夹具等的紧固螺钉、限位螺钉等螺钉，只要有一个松动了，就可能直接导致设备发生故障。

但比起由一个螺钉直接产生的故障，一个螺钉松动引起的振动往往会诱发更多螺钉的松动，形成一种恶性循环，从而产生一个非常复杂、令人头痛的故障。螺钉、螺母的缺陷在潜在缺陷中占很大的比率。因此，必须做好锁紧工作。

3.12 自主保养的进度标签

在自主保养活动的开展过程中，当到达现场，如何在第一时间清楚地了解目前企业TPM自主保养活动进展到哪一个阶段了？在这里，要借助一些目视化的标贴来实现，如图3-8和图3-9所示。

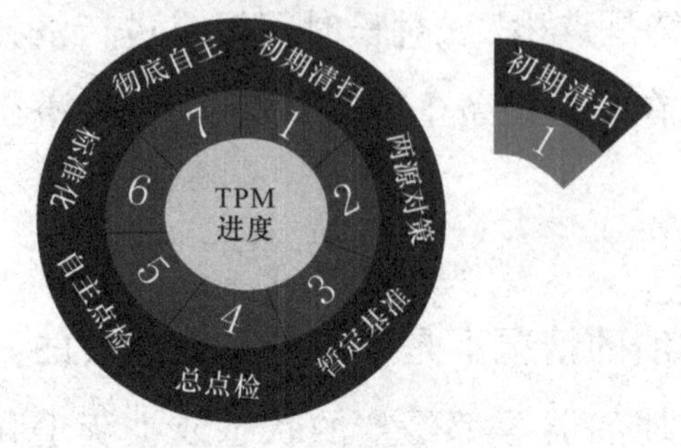

图3-8　自主保养进度标签（一）

图3-9　自主保养进度标签（二）

具体实施过程如下：

在企业TPM活动的开展中，首先会将图3-8中的自主保养进度标签粘贴在示范设备的醒目位置上。当步骤1活动开展诊断合格并通过三级诊断后，将图3-9中的自主保养进度标签中的步骤1活动绿色进度标签撕下，粘贴在图3-8中步骤1的对应部位，表示此示范设备自主保养活动目前进展到步骤2了。这样，对自主保养活动的进展情况就可以一目了然了。

同时，小组中的每个成员对于自己小组的进度相比较计划以及其他部门或单位是落后还是超前，均可以很清楚。

在企业具体实施的图片，如图3-10和图3-11所示。

图 3-10　自主保养进度标签案例（一）

图 3-11　自主保养进度标签案例（二）

第4章 自主保养步骤0：事前准备

任何一项改善活动要想顺利推行，事前充分的准备工作是必不可少的，TPM 活动的推行也是如此。所以，要想在企业中顺利地推行自主保养活动，同样也必须要做一些重要的事前准备工作。本章将对这些方面的内容进行说明。

4.1 步骤 0 的展开过程

丰田公司有句名言："要想让客户满意，首先就要让员工满意；要想让员工满意，必须先让员工理解。"人们常说："员工认同的事情更容易被员工执行。"所以，企业在推行 TPM 自主保养活动前，事前就要使每个小组成员充分理解自主保养活动的目的。

4.1.1 第一步：事前准备的目的是理解自主保养的意义

说明企业为何推行自主保养及基本条件的整备。将小组成员带至现场充分观察设备的现状，通过观察，进而思考强制劣化的意义，了解为何要做基本条件的整备。

（1）理解强制劣化。每位小组成员均要理解什么是强制劣化，为何会导致强制劣化，强制劣化对设备有哪些影响，以及强制劣化与自然劣化的区别。

（2）思考为何要做基本条件的整备。小组组长要带领小组成员认真思考，如为何要做基本条件的整备，以及基本条件整备的重要性是什么，等等。

4.1.2 第二步：成立小组，选定设备

1. 成立自主推进小组

自主推进小组由现场的干部组成，以作出示范，以实际情况告诉其他成员应该做到什么程度。这在横向展开时才有很强的说服力。小组成员包含生产人员和对活动支持的设备相关人员，有8～10人，组长由主管担任，可参照表4-1。

2. 设备评价

根据示范设备的选定表进行打分评价，最终选定要主推的示范设备，可参照表4-2。

3. 示范设备选定原则

（1）瓶颈工程或设备（但活动期间有保养时间）。

（2）困难部位（品质异常/故障率高）。

（3）水平展开效果大（同型号设备多）。

（4）示范设备是以后横向展开的原动力，所以要选择预期效果好

的设备。

4. 观察示范设备的状况

选定好示范设备后，要组织小组成员对其进行观察和调查，收集一些设备的基础数据，掌握设备现状的第一手资料，为后续自主保养活动的展开打下基础。

具体请参照 TPM 自主保养小组登记表和设备选定表（表 4-1 和表 4-2）实施。

表 4-1　TPM 自主保养小组登记表

<table>
<tr><th colspan="6">TPM 自主保养小组登记表</th></tr>
<tr><td>小组名称</td><td></td><td>组长</td><td></td><td>文件编号</td><td></td></tr>
<tr><td>部门</td><td></td><td>辅导员</td><td></td><td>成立日期</td><td></td></tr>
<tr><td>所在装置</td><td colspan="2"></td><td>选定区域</td><td colspan="2"></td></tr>
<tr><td>设备功能说明</td><td colspan="5"></td></tr>
<tr><td>选题理由</td><td colspan="5"></td></tr>
<tr><td>序号</td><td>组员</td><td colspan="2">职称</td><td>入厂日期</td><td>负责工作</td></tr>
<tr><td></td><td></td><td colspan="2"></td><td></td><td></td></tr>
<tr><td></td><td></td><td colspan="2"></td><td></td><td></td></tr>
<tr><td></td><td></td><td colspan="2"></td><td></td><td></td></tr>
<tr><td></td><td></td><td colspan="2"></td><td></td><td></td></tr>
<tr><td></td><td></td><td colspan="2"></td><td></td><td></td></tr>
<tr><td></td><td></td><td colspan="2"></td><td></td><td></td></tr>
<tr><td></td><td></td><td colspan="2"></td><td></td><td></td></tr>
</table>

表 4-2 TPM 自主保养设备选定表

TPM 自主保养设备选定表						
序 号	设备名称	型号/置场	评定项目	评定依据	得分	总得分
1			故障率/OEE/MIBF/MTTB	故障率前五位 20 分，否则 5 分		
			品质异常多	不良产出前五位 20 分，否则 10 分		
			有保养时间/停机时间	每周可停 10h 以上 20 分，否则 5 分		
			横向展开效果大（同型号设备多）	同型号设备较多 20 分，否则 10 分		
			主管/成员推荐度	较推荐 20 分，否则 5 分		
2			故障率/OEE/MIBF/MTTB	故障率前五位 20 分，否则 5 分		
			品质异常多	不良产出前五位 20 分，否则 10 分		
			有保养时间/停机时间	每周可停 10h 以上 20 分，否则 5 分		
			横向展开效果大（同型号设备多）	同型号设备较多 20 分，否则 10 分		
			主管/组员推荐度	较推荐 20 分，否则 5 分		
3			故障率/OEE/MIBF/MTTB	故障率前五位 20 分，否则 5 分		
			品质异常多	不良产出前五位 20 分，否则 10 分		
			有保养时间/停机时间	每周可停 10h 以上 20 分，否则 5 分		
			横向展开效果大（同型号设备多）	同型号设备较多 20 分，否则 10 分		
			主管/组员推荐度	较推荐 20 分，否则 5 分		
TPM 办公室			组长	组员		

4.1.3 第三步：制订活动计划

任何一项好的活动要想成功开展，都必须事先制订一份全面、周密的行动计划。在此活动计划中，要清楚地体现以下几个要素：

（1）每个阶段活动项目的具体内容。

（2）计划完成的时间节点。

（3）谁负责实施（每一个小组成员均要有所担当）。

具体请参照自主保养大日程活动计划表（表4-3）实施。

4.1.4 第四步：作成活动看板

活动看板是TPM自主保养活动中的“三大法宝”之一，具体会在后面的章节着重介绍。在此提出是想说明，活动看板需要在活动开始前就做好，并且放在示范设备旁边和成员均可看到的地方，让企业的每一位成员均可以清楚地了解自主保养活动的开展进度、取得成果以及存在哪些问题等。此活动看板也是一个交流学习的平台。具体可以参照以下样板制作实施，如图4-1所示。

企业实施案例图片展示如图4-2所示。

4.1.5 第五步：基准值调查

在第一步中提到，选定好示范设备后，小组成员要对设备作一些观察，目的就是掌握活动前设备的第一手资料。基准值调查就是要小组成员在活动前先掌握设备的一些基础数据，如OEE、MTBF、MTTR、设备故障率，以及清扫、加油、点检的时间等。这样才知道在改善前示

表 4-3　自主保养大日程活动计划表

次	日　程	7 月				8 月				9 月				10 月				担当
	项目内容	1W	2W	3W	4W	1W	2W	3W	4W	1W	2W	3W	4W	1W	2W	3W	4W	
1	步骤 0																	
1）	选定设备、成立小组	---→																张三
2）	培训 TPM 基础知识、手法	---→																李四
3）	培训 TPM 自主保养各步骤	---→																李四
4）	道具、步骤 0 准备事项	---→																刘冰
2	步骤 1																	
1）	复习步骤 1、OPL、步骤 2		---→															张三
2）	指导初期清扫并复原		---→															杨峰
3）	执行初期清扫并复原			---→														张三
4）	自主、高层诊断				---→													小华
3	步骤 2																	
1）	跟踪步骤 1，复习步骤 2					---→												张三

（续）

次	日　程	7月				8月				9月				10月				担当
	项目内容	1W	2W	3W	4W	1W	2W	3W	4W	1W	2W	3W	4W	1W	2W	3W	4W	
2）	困难源，发生源分析						- - →											杨峰
3）	对策拟订、改善确认						- - →											张三
4）	自主、高层诊断复习							- - →										小华
4	步骤3																	
1）	跟踪步骤2，复习步骤3									- - →								刘冰
2）	三项（清扫、加油、点检）的部品、方法、周期、目标时间的明确化										- - →							刘冰
3）	实施三项，不正常的指出、改善											- - →						杨峰
4）	三合一 MAP 图的完成及实施										- - →							杨峰
5）	自主、高层诊断											- - → - - →						小华
5	资料整理、成果发表																- - →	李四

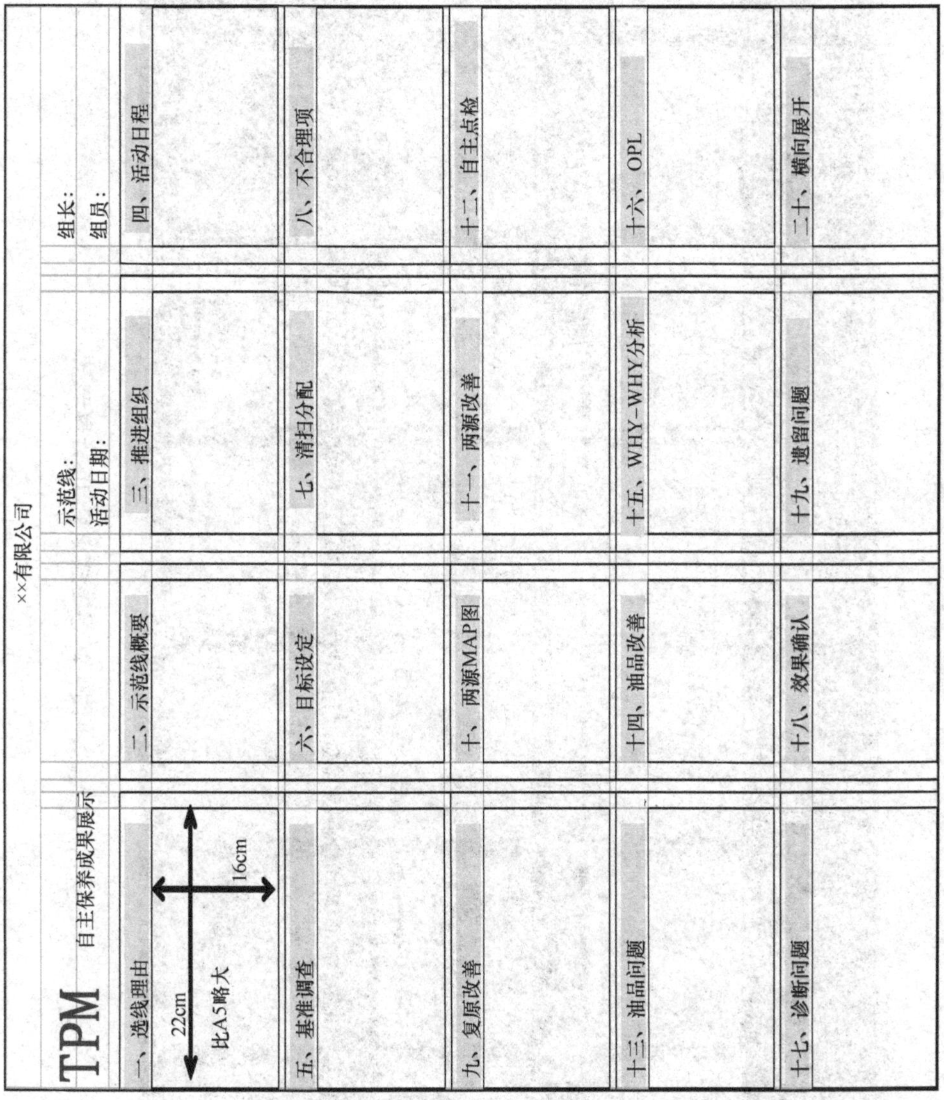

××有限公司			
TPM 自主保养成果展示		示范线： 活动日期：	组长： 组员：
一、选线理由 22cm 比A5略大 16cm	二、示范线概要	三、推进组织	四、活动日程
五、基准调查	六、目标设定	七、清扫分配	八、不合理项
九、复原改善	十、两源MAP图	十一、两源改善	十二、自主点检
十三、油品问题	十四、油品改善	十五、WHY-WHY分析	十六、OPL
十七、诊断问题	十八、效果确认	十九、遗留问题	二十、横向展开

图 4-1　自主保养成果展示板

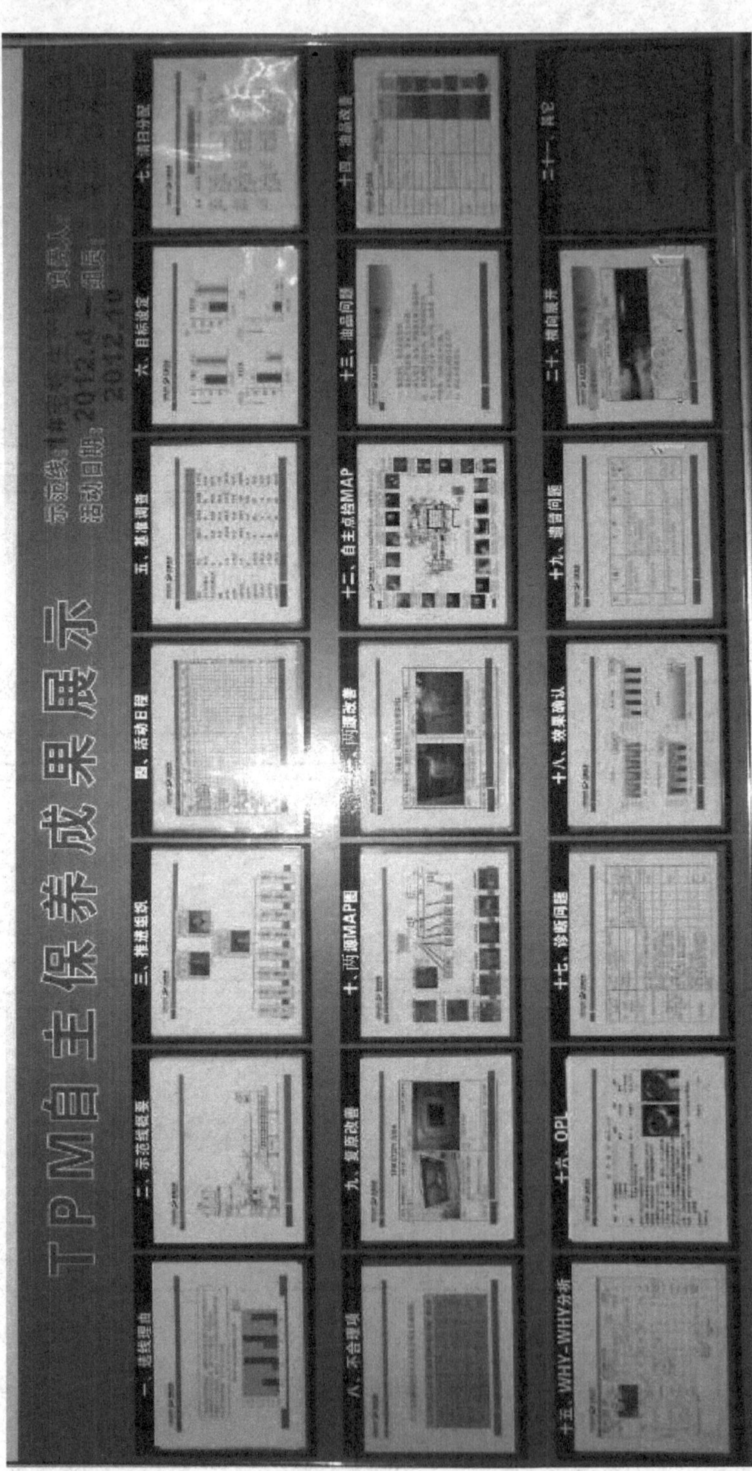

图 4-2 企业实施案例图片展示

范设备的水准在哪个层次，从而为后续目标的设定提供有力的数据参考。而初期无收集的，最少要收集 3 个月的资料作为目标设定参考。进行基准值调查时使用的基准值调查表见表4-4。

表4-4　基准值调查表

项　目	单　位	1月	2月	3月	4月	5月	6月	平　均
时间稼动率	%							
性能稼动率	%							
良品率	%							
OEE	%							
MTBF	min							
MTTR	min/次							
故障时间	min							
故障率	%							
清扫时间	min							
点检时间	min							
加油时间	min							
三项总时间	min							
伤害事件	件							

4.1.6 第六步：安全教育实施

企业实施任何活动，都需要将安全放在首位。只有确保活动是在安全的前提条件下实施，活动才会更有意义，TPM 自主保养活动的开展也是如此。

在去现场活动前，小组组长要组织小组成员进行安全预知教育培训。具体学习内容如下：

（1）学习遵守正确的工具使用方法。

（2）所要从事工作的区域可能存在哪些危险因素？需要采取何种措施来保护？需要佩戴哪些护具？共同作业时由谁负责指挥？

（3）学习示范设备的结构图，了解相关部位名称、功能等。

（4）每一次均要留下活动记录。

具体可以参照初期清扫安全注意事项表（表4-5）实施。

表4-5　初期清扫安全注意事项

初期清扫安全注意事项		
作业内容	危险内容	对应事项
徒手作业	1. 由于误动作与接触到控制器导致夹住\卷入危险	1. 切断电源，挂上“请勿送电”的挂牌拔掉钥匙，组长为保管人
	2. 触电的危险	2. 关闭空压、水压、瓦斯，并挂牌
高处作业	1. 落下、滚落的危险	1. 戴安全帽
	2. 由外飞来、跌落导致的危险	2. 必须用人字梯且配件齐全
		3. 安全带的有效规定
共同作业	由于个人任意判断使共同作业者受害	移动设备、搬运设备、起动设备（含试车）要经常互相联系、确认
拆卸安全护罩	由于拆掉安全护罩，使安全功能下降引发伤害	安全护罩拿掉后要复原，确认功能
压缩空气的使用	空压使切屑、粉尘喷散而进入周围人员的眼睛	1. 禁止用空压吹散
		2. 用抹布、扫把、吸尘器清理
手工具的使用	1. 敲击、冲击时破裂碎片会弹到眼睛	1. 个人防护
	2. 电动手持工具的安全状态	2. 工具使用前检查
	3. 替代工具引发的伤害	3. 不用替代工具
	4. 拧螺钉等用力方式不当而撞击肘部	4. 用力危险的预知
重物品的处理	1. 腰痛及闪到腰	1. 提货物的正确姿势
	2. 货物提上来与移动时落下	2. 男性所提重物不超过25kg，女性所提重物不超过15kg
		3. 超过重量的由两人作业或利用台车、吊具

在整个 TPM 活动过程中，需要将小组的每次活动留下记录。具体可参考 TPM 活动记录表（表 4-6）实施。

表 4-6　TPM 活动记录表

<table>
<tr><td colspan="7">TPM 活动记录
文件编号：</td></tr>
<tr><td>部门</td><td></td><td>小组名</td><td></td><td>参加人数</td><td colspan="2">应参加　人，实参加　人</td></tr>
<tr><td>单位</td><td></td><td>日期</td><td colspan="2">年　月　日　时</td><td>会议时间</td><td>合计　　h</td></tr>
<tr><td>会议主题</td><td colspan="4"></td><td>会议地点</td><td></td></tr>
<tr><td colspan="5" rowspan="4">参加人员：</td><td>主持人</td><td></td></tr>
<tr><td>记录</td><td></td></tr>
<tr><td>缺席</td><td></td></tr>
<tr><td>迟到</td><td></td></tr>
<tr><td colspan="7"></td></tr>
<tr><td colspan="7"></td></tr>
<tr><td colspan="7"></td></tr>
<tr><td colspan="7"></td></tr>
<tr><td colspan="7"></td></tr>
<tr><td colspan="7"></td></tr>
<tr><td colspan="7"></td></tr>
<tr><td colspan="7"></td></tr>
</table>

注：此活动记录贯穿于 TPM 活动的整个过程。

4.1.7　第七步：初期清扫活动的工具准备

“工欲善其事，必先利其器。”为了让 TPM 自主保养初期清扫活动开展得更有效率，仅依靠常规的清扫工具是不够的，还需要根据企业设备的实际状况制作一些专用清扫工具。其目的是缩短清扫时间，在最短的时间里挖掘出可能会造成设备故障的隐患、源头等一切微缺陷。

常规工具，如抹布、扫把等，只能对一些比较空间大的地方进行清扫，可是设备本体及周边往往还存在许多角落，空间狭小，平时进行设备维护很难清扫到，同时也经常是日常设备管理的盲点区域。而这些区域恰恰存在一些可能导致设备故障的微缺陷。针对这些地方，就必须制作准备相应的专用清扫工具来进行清扫。

在企业中实施的一些具体案例的图片如表4-7和图4-3～图4-6所示。

表4-7　初期清扫专用工具（一）

序　号	名　称	使用位置及其作用	实物图例
1	“死角易扫光”	清理机身角落杂物（配合抹布一起使用）	
2	清槽铲	用于机组基础槽清理	
3	“缝隙垢杀手”	用于压缩机机身与基础底座之间缝隙清理	
4	“方使擦”	用于不便伸手的位置擦拭（配合抹布一起使用）	
5	“够得着”	用于机组电机高点擦拭（配合抹布一起使用）	
6	缝隙刮刀	用于机组机身缝隙清理（配合抹布一起使用）	
7	双向刮刀	用于清理电机表面（配合抹布一起使用）	
8	地沟挠	用于地沟清理	
9	盖板抓	用于抓起地沟盖板	
10	地漏钩	用于抓起地漏，也可配合抹布用来清理泵体	
11	罐体擦	用于进排气缓冲罐表面擦拭（配合抹布一起使用）	
12	地沟撮	用于地沟及机组底座杂物清理	

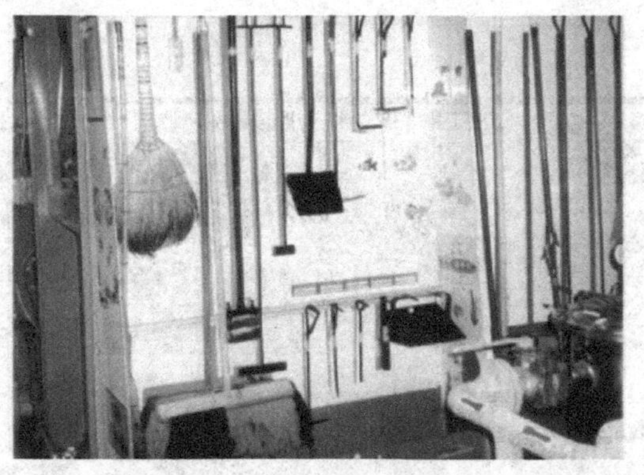

图4-3　初期清扫的专用工具（一）

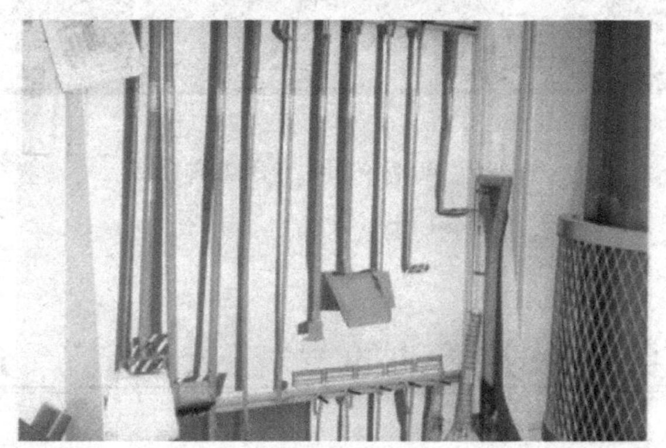

图4-4　初期清扫的专用工具（二）

初期清扫工具					
序号	名称	序号	名称	序号	名称
1	棉纱	5	手套	9	梅花扳手
2	橱盒	6	钳子	10	管钳
3	金属洗洁净	7	电气工具	11	套筒扳手
4	钢丝刷、毛刷	8	活扳手	12	

图4-5　初期清扫的专用工具展示

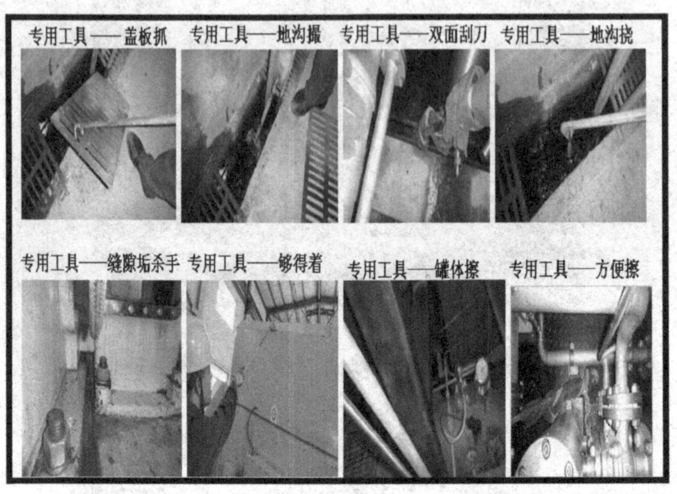

图4-6 初期清扫的专用工具介绍

4.2 TPM自主保养活动的“三大法宝”介绍

在TPM自主保养活动的开展中，会使用到许多工具。其中非常有特色的主要有三种，被称为“三大法宝”，即小组活动、活动看板和OPL。

4.2.1 小组活动

管理学家彼得·德鲁克曾说过：“现代企业不仅仅是老板和下属的企业，而更应该属于一个团队。”TPM活动的顺利开展也离不开一个优秀的团队，起决定性作用的是小组自主活动，如图4-7和图4-8所示。

1. 小组活动的目的

（1）通过小组活动来实现TPM所追求的激发人的积极性、全员参与、全面提高生产效率。

（2）体现了全员参与，寻找团队共同面对的问题。

（3）通过全体成员的共同努力去解决问题，由此建设并发展企业内部的优秀团队。

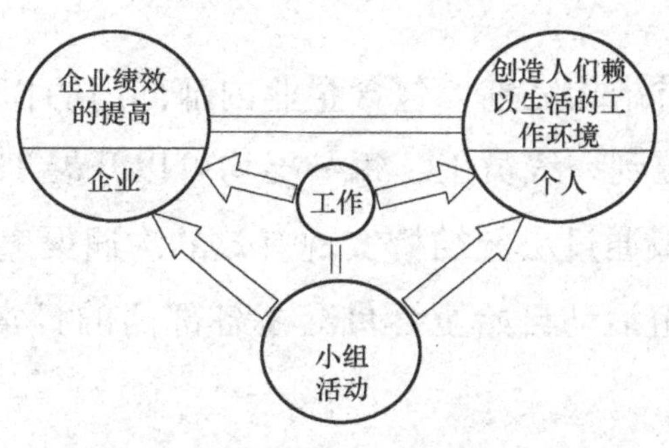

图4-7 小组活动的目的

图4-8 TPM团队

2. 小组活动的概念

所谓小组活动，就是不受上级命令、指示，由在车间里从事工作的同事中的少数人组成小组，并且为了完成计划、保证质量、降低成本、按期交货、确保安全、防止公害等各项工作而进行活动。它作为全公司管理体制的一个环节，动员全体人员共同推行TPM，从而使企业不断提高发展。

在推行这项运动的过程中，要求每个人都开动脑筋且互相启发，做到人尽其力，加强设备管理，通过全车间所有人员的通力合作来改善管理、沟通情感，促成人与人之间关系和睦、彼此尊重，这样就形成了一个生气勃勃的局面。

3. 小组活动的特点

（1）小组成员结构完整，包含企业内部部门的相关人员。

（2）从管理层到一线员工，每一层均可以开展TPM小组活动。

（3）TPM小组通过层叠结构实现有效的沟通渠道。

（4）TPM小组活动自始至终贯穿于各部门的日常工作，成为其中的一部分。

（5）TPM小组领导是小组活动成败的关键。

4. 小组活动的“5W1H”

明确以下问题（即5W1H——What，Why，When，Where，Who，How）有助于TPM小组活动的开展：

（1）我们将做什么事情（主题）？

（2）为什么我们要这么做（可预计的收益）？

（3）我们要达到什么（目标）？

（4）我们如何去做（工作方法）？

（5）我们行动内容的先后顺序和时间是什么（行动计划表）？

（6）谁去做（负责人）？

（7）我们所期待的结果是什么（评估）？

5. 小组活动的PDCA

开展小组活动的四个阶段（即PDCA——Plan，Do，Check，Act）如图4-9所示。

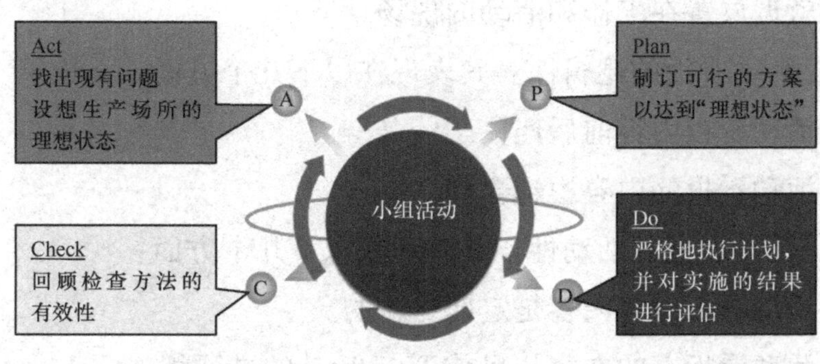

图4-9 小组活动的四个阶段

4.2.2 活动看板

1. 活动看板的概念

在企业的日常管理活动中，人们会经常在现场看到一些看板，如生产进度管理看板、品质管理看板、安全管理看板等。在TPM的活动中，为了将整个活动的成果、过程给人们作一个有效的展示和说明，也会制作、使用一些活动看板，并把它放置在示范设备旁边或车间的醒目位置，成为小组成员内部的一个重要的信息交流平台，使TPM活动能更持续、有效地开展下去。

2. 活动看板的特点

TPM的活动看板是小组活动工作开展的行动指南，具有可读性、逻辑性、活动性。

（1）活动看板的可读性。其表现在以下几个方面：

1）活动看板具有丰富的色彩。

2）可以以照片、图案、漫画等形式展现。

3）就近放置在工作和活动的现场。

（2）活动看板的逻辑性。其表现在以下几个方面：

1）活动看板内容前后连贯。

2）活动看板的内容逻辑合理。

（3）活动看板的活动性。其表现在以下几个方面：

1）活动看板资料内容是定期更新的。

2）活动看板上的内容与目前TPM活动的进展相一致。

3）活动看板的资料内容体现小组成员的分工协作，非专人定制。

4.2.3 企业不同部门的TPM展示板实施案例

在企业中推行TPM，不同部门展示的内容和成果均会有所不同，如图4-10～图4-12所示。

图4-10　TPM事务局推进展示板

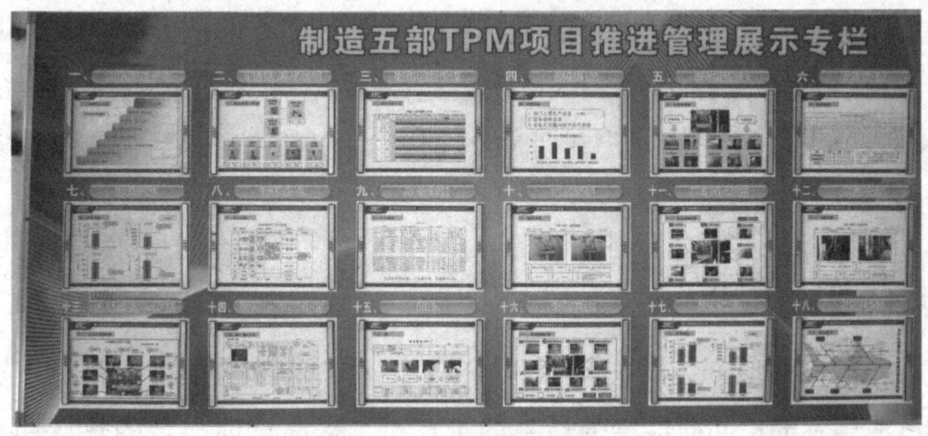

图4-11 TPM小组推进展示板

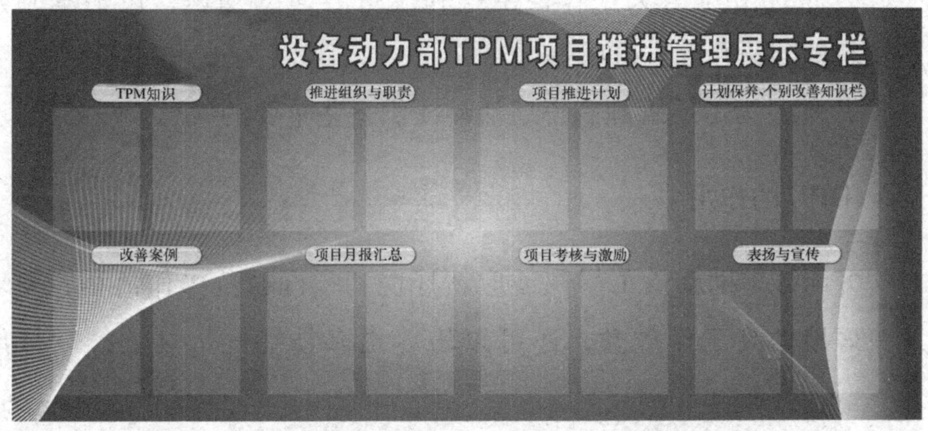

图4-12 TPM专业保全推进展示板

4.2.4 OPL

1. OPL的概念

OPL是“One Point Lesson”的缩写，也称一点通、点滴教育，是一种在工作过程中进行培训的教育方式，是一种用于交流和培训的工具。OPL 一般选在班前会进行培训，且有时间不超过 10min 的规定，因而被称为“10min 教育”。其内容主要是有关生产线的问题及改善，包括改进、问题解决、操作维护技巧、知识、安全等。

2. OPL 的目的

（1）在短时间内增加知识和技能，这些知识和技能常常是员工平时可能用到的；同时能增强员工的责任感，提高全体成员的热情和参与度。

（2）帮助分享有关工作，生产和设备方面的知识，包括基础知识、发现的问题和改进事项等。

（3）随时为工厂管理和小组活动提供一些重要的信息，以备查询。

3. OPL 的作用

OPL 能够帮助新员工尽快适应新环境和掌握规范操作流程，使老员工更好地提高工作效益，还可以培养出多技能的人才，推动技能提升。

4. OPL 的特点

（1）可在短时间内达成。

（2）可重复学习并因此熟练。

（3）可学习身边有助于工作的主题。

5. OPL 单点教材内容的类别

（1）基础知识篇。其具体包括必须知道的知识重点，如设备基本操作常识、基本原理和结构，安全常识等。

（2）问题案例篇。其具体包括出现的问题、问题点发现、问题点的原因查找、解决方法、避免再发生的方法等。

（3）改善实施篇。其具体包括改善的想法、改善的方法、改善的过程、改善的技巧、改善的成果和作用、改善的经验和教训等。

6. OPL 单点教材编辑的 11 要点

（1）确定主题：选择一个目前人们正面临的问题作为主题。

（2）让亲身实践过的人来编写，并确定此 OPL 针对的目标群体。

（3）不必花费太多的时间，每份教材平均花费 30 ~ 60min 完成编辑。

（4）目标是每天做一次单点课程培训，也就是要求每天都有一个人完成一份培训教材。

（5）教材短小精悍、简单明了、及时有效。

（6）编好登记号并计入账簿（计算机）管理。

（7）多使用漫画、图表、照片及卡通来说明，做到形象生动、容易理解。

（8）务必使被教育者记住教材内容。

（9）每天抽出时间，由编写人员对其他员工进行讲解培训。

（10）将培训过的教材登记并公开展示，便于成员参考。

（11）成员已经熟悉的内容从看板取下编辑成册，统一保管。

7. OPL 的传授及方式

（1）让他人了解编写 OPL 的原因，以引起他们的重视。

（2）在介绍内容的过程中，试着向成员提一些问题，以检验他们对同一主题的基础知识的理解程度。

（3）尽可能采用实物以加深理解。

（4）传授后向成员提问，检验培训和交流的成果。

（5）反复培训以加深影响，在实践中追踪实际效果。

（6）一般由制作人员进行讲解，尽量利用交接班（班前或班后）时间。

特别说明：

（1）制作 OPL，制作者可以手写、手画，也可用计算机制作；要做到图文并茂，尽量用图形展示，文字不要太多；内容格式可自行设计，以简单明了、易学易懂为原则。

（2）培训不是 OPL 的最终目的。

8. 企业的 OPL 案例

企业的 OPL 案例展示如图 4-13 ~ 图 4-16 所示。

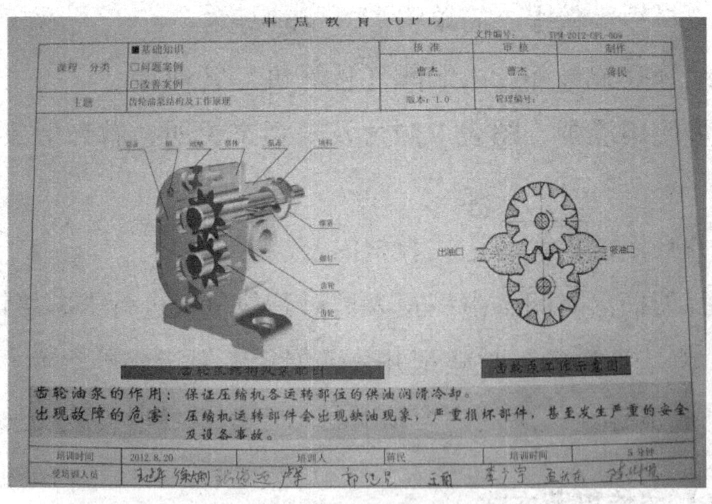

课程 分类	■基础知识 □问题案例 □改善案例	核准	审核	制作
		曹杰	曹杰	蒋民
主题	齿轮油泵结构及工作原理	版本：1.0	管理编号：	

齿轮油泵的作用：保证压缩机各运转部位的供油润滑冷却。

出现故障的危害：压缩机运转部件会出现缺油现象，严重损坏部件，甚至发生严重的安全及设备事故。

培训时间	2012.8.20	培训人	蒋民	培训时间	5 分钟

图 4-13 OPL 案例（一）

设备部TPM活动OPL教材						
课程分类	□ 基础知识类（N）■ 问题类（W）□ 改善案例类（S）					
主　　题	三部三室炉冷却室滚轮卡死现象检查处理				编号	XTCTPM-设-0320403
					日期	2013.10.23
一、主要原因说明 1.生产过程中粉尘附着于滚轮上，导致滚轮卡死。 2.滚轮长时间使用产生磨损，导致变形卡死。 二、处理方法 1.每次停炉待料时，安排操作人员用吸尘器及时清理附着在滚轮上的粉尘。 2.每月1次检查滚轮，及时更换老化、变形的滚轮。						
教材制作	林伟福	受训人员签名	张三	王五	赵六	
主管审核			李四			

图4-14　OPL案例（二）

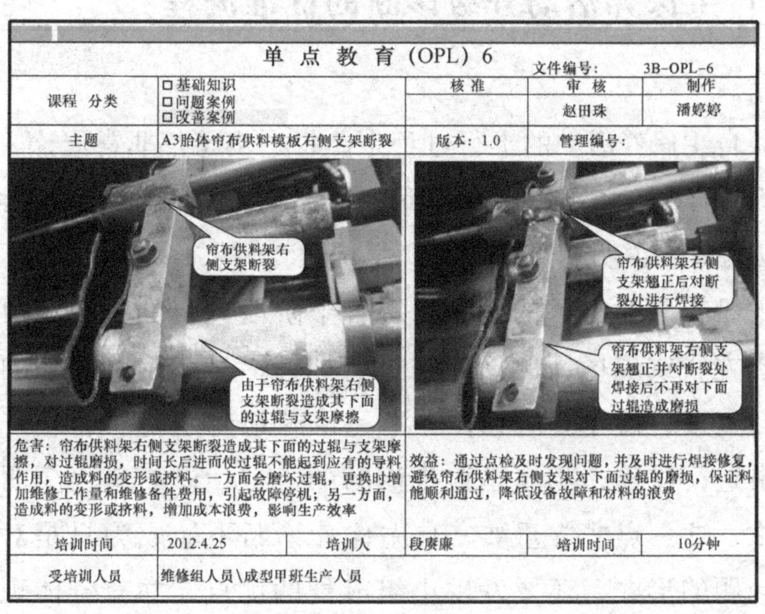

单点教育（OPL）6				文件编号：	3B-OPL-6
课程　分类	□基础知识 □问题案例 □改善案例		核准	审核	制作
				赵田珠	潘婷婷
主题	A3胎体帘布供料模板右侧支架断裂		版本：1.0	管理编号：	
危害：帘布供料架右侧支架断裂造成其下面的过辊与支架摩擦，对过辊磨损，时间长后进而使过辊不能起到应有的导料作用，造成料的变形或挤料。一方面会磨坏过辊，更换时增加维修工作量和维修备件费用，引起故障停机；另一方面，造成料的变形或挤料，增加成本浪费，影响生产效率			效益：通过点检及时发现问题，并及时进行焊接修复，避免帘布供料架右侧支架对下面过辊的磨损，保证料能顺利通过，降低设备故障和材料的浪费		
培训时间	2012.4.25	培训人	段赓廉	培训时间	10分钟
受培训人员	维修组人员\成型甲班生产人员				

图4-15　OPL案例（三）

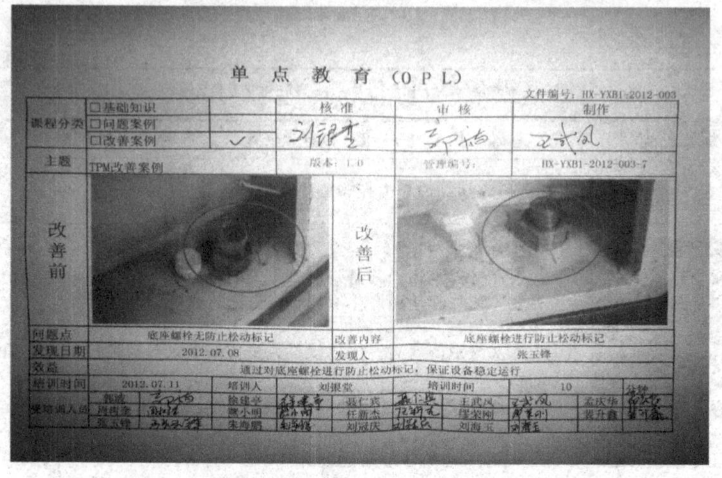

单 点 教 育（OPL）

文件编号：HX-YXB1-2012-003

课程分类	□基础知识		核准	审核	制作
	□问题案例				
	□改善案例	✓			
主题	TPM改善案例		版本：1.0	管理编号：	HX-YXB1-2012-003-7

改善前　改善后

问题点	底座螺栓无防止松动标记	改善内容	底座螺栓进行防止松动标记
发现日期	2012.07.08	发现人	张玉锋
效益	通过对底座螺栓进行防止松动标记，保证设备稳定运行		
培训时间	2012.07.11	培训人	刘银堂
培训时间	10分钟		
受培训人员	[illegible]、[illegible]、张玉锋、[illegible]、魏小明、朱海鹏、[illegible]、任新杰、刘冠庆、王武凤、[illegible]、刘海玉、孟庆华、[illegible]		

图 4-16　OPL 案例（四）

4.3 自主保养活动分级诊断的标准流程

TPM 自主保养活动的推行过程中，每个步骤都非常严谨，必须通过三级诊断合格，才可以进入到下一步骤。下面就其诊断流程标准及作业方法作详细说明。

自主保养诊断的目的是，了解各个阶段进行的程度，通过小组活动推进方法或现场情况诊断来进行把握，对小组所面临的问题和困难进行支援、指导。而且，并不是单纯地判定是否合格，还要和小组成员进行接触；不仅是接受诊断的一方，诊断者也要明确以后要做什么。这一点非常重要。自主保养诊断不能成为只是对小组成员提出问题的形式，还要发现小组成员的优点，并充分体现出小组成员的特征。

自主保养活动三级诊断的流程如图 4-17 所示。

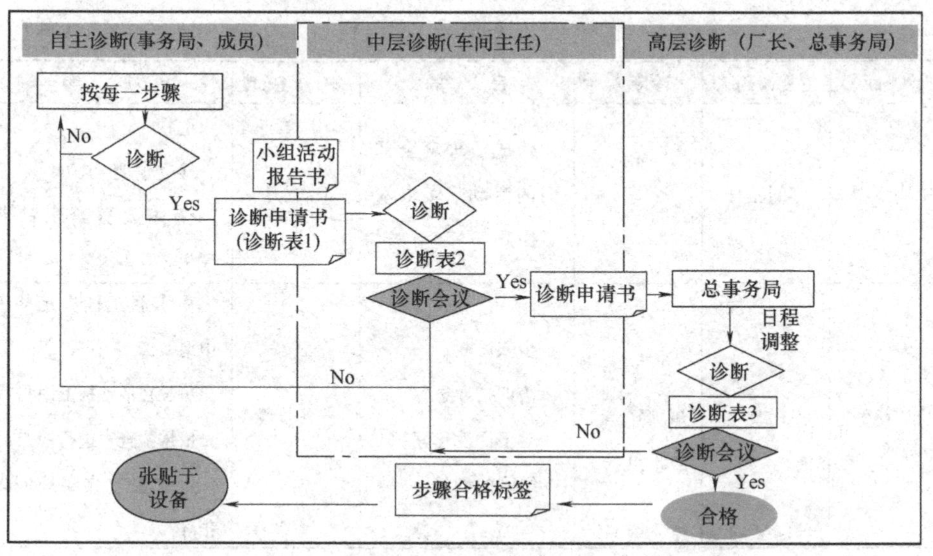

4-17　自主保养活动三级诊断流程图

4.4 自主保养活动的诊断种类、目的和内容

自主保养活动分为小组内部自主诊断、车间主任中层诊断和厂长高层诊断三级诊断。先由小组长根据示范设备的运行情况进行诊断，合格后提出申请中层诊断和高层诊断。表 4-8 就是针对每一级诊断的目的和内容进行介绍说明的。

表 4-8　三级诊断表

诊　断	主要诊断人	诊断人	目　　的	举办频度	内　　容
高层诊断	厂长	厂长、组长、事务局	推进状况及成果的检查 问题指出及指导 高层和一线主管对话	1 次/月	由事务局计划诊断日 车间主任、组长、班长在活动看板上说明 实施询问答复 会议讲评

（续）

诊　断	主要诊断人	诊断人	目　　的	举办频度	内　　容
中层诊断	车间主任	全体	使成员理解全部门的活动，谋求水平提升	1次/月	巡视 接受说明 全体人员给出诊断评语
自主诊断	组长	组员、事务局、技术员	步骤诊断 培训指导员 对于活性化建议 组间的调整	按各步骤	由车间主任决定诊断申请 班长在活动板上说明 依据检查表进行检查 以会议方式实施问题指导

4.5 自主保养活动诊断使用表单

（1）由示范小组组长提出申请诊断时填写的申请表的参考格式见表4-9。

表4-9　TPM自主保养阶段完成申请表

所属部门		示范区名称	
申请完成的阶段			
部门自评结果	部门负责人签字：		
企业管理部意见	企业管理部负责人签字：		

（续）

辅导老师意见	辅导老师签字：
TPM推进领导小组意见	领导签字：

（2）由示范设备进行TMP自主保养步骤1诊断时填写的诊断表的参考格式见表4-10。

表4-10 TPM自主保养步骤1诊断表

TPM自主保养诊断表	小组名	设备名称	设备位号	诊断区分	自主		部门		高阶
步骤1：初期清扫	诊断时间			分		□不合格			□合格
	诊断者签名：			合格标准	自主		部门		高阶
诊断项目	诊断要点			1 劣	2 稍劣	3 普通	4 稍佳	5 佳	发现事项
1. 机械本体的清扫	垃圾、灰尘、油污、切削、工件、工具的状况是否良好（夹治具、夹头、机械配管、配线等）								
	松弛、松动、振动、磨损、发热状况是否良好（螺钉、螺母、夹治具，回转等部位）								
2. 附属设备的清扫：油、空压、水压等循环系统、电气控制、其他	是否有垃圾、灰尘、油污、异物黏着情况（汽缸、电磁阀、三点组合、发动机、皮带、极限开关、光电管、控制箱、计数器）								
	松弛、松动、振动、磨损、出声、发热的状况是否良好（电磁阀、发动机、开关箱的固定板、继电器、配线、螺钉、螺母）								

（续）

诊断项目	诊断要点	1 劣	2 稍劣	3 普通	4 稍佳	5 佳	发现 事项
3. 润滑状况	灰尘、垃圾、油污的状况是否良好（润滑器、油杯、计量器、注油口、加油配管等）						
	油量、滴下量、松弛、振动状况是否良好（油污、劣化、配管接头部、阀、速度控制器、油温等）						
4. 机械周边的清扫状况	工具、检具、备品的整理状况是否良好 盖子、铭板等标示物是否良好 废料、成品、零件的存放是否整齐、良好						
	良品、不良品是否区分 通道是否畅通 是否有从其他设备飞散来的灰尘						
5. 清扫困难部位及发生源对策	是否有灰尘、尘埃、漏油等发生源，清扫部位一览表和后续改善计划						
	发生源是否有隔离，困难处是否应用工具进行改善 是否有边清扫、边点检的方法 是否对清扫责任区进行区分、分担						
6. TPM的进行状况	对TPM是否理解并全员参与活动 诊断评分	10分	20分	30分	40分	50分	

评分标准			1分（10分）	2分（20分）	3分（30分）	4分（40分）	5分（50分）
评分标准	1～5	设备	几乎没有实施	只有看得到才实施	只针对滑动部、槽等特定的地方实施	连看不到的地方也在实施	清扫检查做得很彻底，正着手制定困难部位的对策
评分标准	6	人	全员无人关心	只有专业人员在做	只有一部分简单的地方有操作人员在做	几乎都是操作人员在实施	工作分担明确，并实施得很好

第5章 自主保养步骤1：初期清扫

正如前面章节所讲的，要降低设备的故障，就必须想办法消除导致设备强制劣化发生的微缺陷。毫无疑问，清扫就是最有效的一种方法。步骤1就是通过清扫去发现设备的问题点（跑、冒、滴、漏、锈蚀、松动、脏污等微缺陷），也是亲身体验“清扫就是点检”的重要阶段。

同时，清扫也是在为设备作健康诊断。因此，必须充分认识到清扫的目的就是进行设备点检，这种点检对于维持设备的长寿命健康运行是十分重要的。只有彻底进行设备清扫并且加以维持，才能保证设备中没有潜藏的不正常现象。如果要达到这个目的，就必须保证设备十分清洁。所以，在开始自主保养活动的时候，首先理解设备初期清扫的含义尤为重要。

5.1 初期清扫的含义

清扫就是把附着在设备、模具、夹具上的废弃物、污物、灰尘、油污、切削液、污泥等异常物清除干净，并且要彻底清扫设备的各个角落。通过清扫可以使设备的潜在缺陷显露出来，即“清扫就是点检”。

5.2 初期清扫与5S活动中的清扫的区别

在企业推行TPM时，许多员工都认为自主保养活动的初期清扫就是打扫卫生。这种认识显然是错误的，必须杜绝。为什么这样说？下面来介绍一下初期清扫与5S活动中的清扫之间的区别：

表5-1 初期清扫与5S活动中的清扫的区别

区别类型	5S活动的清扫	自主保养的初期清扫
关注对象	除了涉及设备外，还包括现场、厂房、办公室等场所，范围广	主要关注点在设备，以设备为主线展开
参与人员	所有职场人士	与设备相关的人员，如操作人员、设备专业维护人员、品质人员及生产技术人员
实施动机、目的	5S的清扫是指清除职场内的脏污，保持职场干干净净，动机较为单纯	清扫的动机除了清扫的因素之外，更重要的是发现设备的不具合点，微缺陷
实施深度和广度	更多的是关注表层现象 清除垃圾，美化环境	从脏到净，由表及里，不仅对设备表面，更重要的是对设备内部也要清扫，深层次挖掘 从输入到输出，把握反复清扫的根源，为源头治理做铺垫
功能	通过活动使员工懂得如何有效地进行分工协作 学会部分清扫工具开发 制作简单的清扫基准，为自主保养打下基础	通过设备深度清扫来熟悉设备，了解设备相应的功能 从环境方面着手，去除心理上潜在的缺陷（不关心、无视、无知）来提高工作的积极性，发现设备的微缺陷，为健康管理埋下伏笔

所以，通过以上说明，千万不可将初期清扫与5S活动中的清扫混为一谈。

TPM自主保养的初期清扫示意图如图5-1所示。

5-1　TPM 自主保养的初期清扫

5.3　清扫在自主保养活动中的重要性

在检查劣化的手段中，清扫是相当有效的。

（1）借由清扫的动作去接触设备的各个部位。

（2）在接触设备的过程中去发现设备各个部位的不正常（发热、振动、异常声音）。

（3）通过清扫（清除灰尘、污物和废油）以防止强制劣化。

所以，清扫是发现设备异常的有效方法，同时也是延长设备寿命、维持设备精度、维护品质基准等不可缺少的条件。

5.4　如何理解清扫就是点检

在清扫时可以发现很多不正常的地方，所以清扫的实质就是对设备进行全面点检，“清扫就是点检”由此而来。

可通过图5-2来加深对“清扫就是点检”的认识和理解。

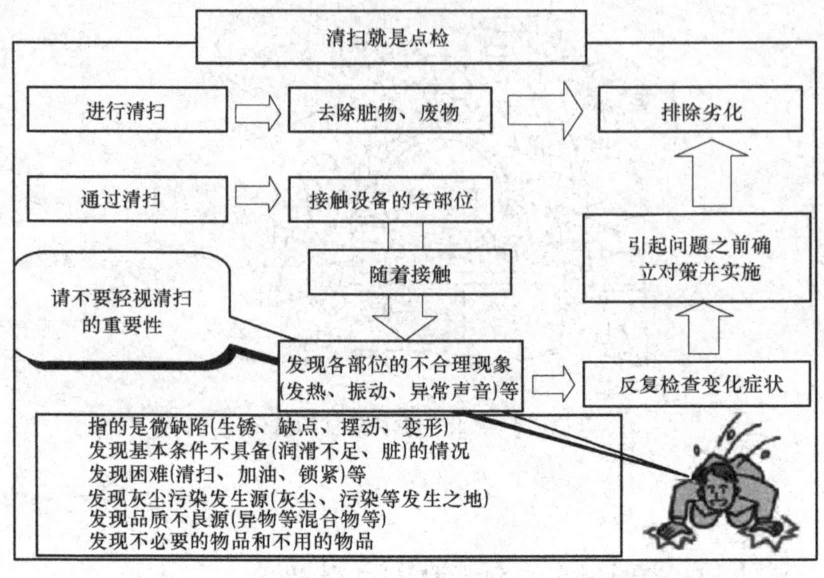

图 5-2 清扫就是点检

5.5 初期清扫的对象

为了能够彻底地挖掘出设备的微缺陷，必须知道初期清扫的对象是什么。这一点很重要。结合上述内容，简单来说，可以把清扫的对象总结分为六类。因为初期清扫是为了找出设备所有的缺陷源头，所以又把自主保养的初期清扫活动称为寻找六源的活动。“六源”具体内容如下：

（1）发生源：灰尘、油污、有害气体、液体、噪声、辐射。

（2）清扫困难源：难以清扫、清理的部位。

（3）故障源：会造成故障的潜在因素，如设备操作、维护、维修不当，自然劣化。

（4）浪费源：泛指不产生任何附加价值事和物。

（5）缺陷源：指影响产品质量的生产或加工环节。

（6）危险源：指潜在事故发生源。

5.6 初期清扫的部位及要点

初期清扫的部位及要点见表5-2。

表5-2 初期清扫的部位及要点表

初期清扫的部位		初期清扫的要点
设备及附加机械	接触原材料/制品或是影响产品品质的部位（如生产线传送带、滚子面、容器配管、光电管、测定仪器等）	有无堵塞、摩擦、磨损等
	控制盘、操作盘内外	有无不需要的部品、配线 有无劣化的部件 有无螺钉类的松动、脱落
	设备驱动机械、部件（如链条、链轮、轴承、发动机、风扇、变减速器等）	有无过热、异常声音、震动、缠绕、磨损、松动、脱落等 润滑油泄漏、飞散 点检润滑作业的难易度
	仪表类（如测量压力、温度、浓度、电压、拉力等的仪表）	指针摆动 指示值失常 有无管理界限 点击的难易度
	配管、配线及配管附加机械（如电路、液体、空气等的配管，以及阀门、变压器等）	有无内容、流动方向、开关状态等的识别 有无不需要的配管器具 有无裂纹、磨损
	设备框架、外盖、通道、立脚点	点检作业的难易度
	其他设备附加机械（如容器、搬运机械、叉车、提升机、台车等）	液体或粉尘泄漏、飞散 原材料投入时的飞散 有无搬运器具点检

（续）

初期清扫的部位		初期清扫的要点
周围环境	原材料、半成品、成品	有无标识，是否乱放 有无管理方法
	地面（如通道、作业场地及其区划、区划线等）	有无区划线，是否模糊不清 不需要的物品的放置是否明确 通行与作业的安全性
	保养用机器、工具（如点检润滑机械、材料、保管棚、备品备件等）	放置计量仪器类的脏污度、精度
	墙壁、窗户、门	脏污、破损

1. 缺陷的特征

一般缺陷的特征主要有生锈、灰尘、龟裂、废弃物、松动、脱落、磨耗、变形、溢出、泄漏、堵塞、飞散、异物混入等。

2. 缺陷特征的分类

（1）微小缺陷，如生锈、灰尘、废弃物、异常声音、松动、磨耗、变形等。

（2）不需要的物品，如工具、卷尺、配管、配线、机器等。

（3）发生源，如粉末、液体、蒸汽、气体、冷却水、油等。

（4）困难部位，如操作、清扫点检、加油、紧固等困难部位。

（5）品质不良的来源，如异物混入。

（6）运转中的不正常，如过热、振动等。

3. 缺陷的层次

设备缺陷一般分为三个层次，如图5-3所示。

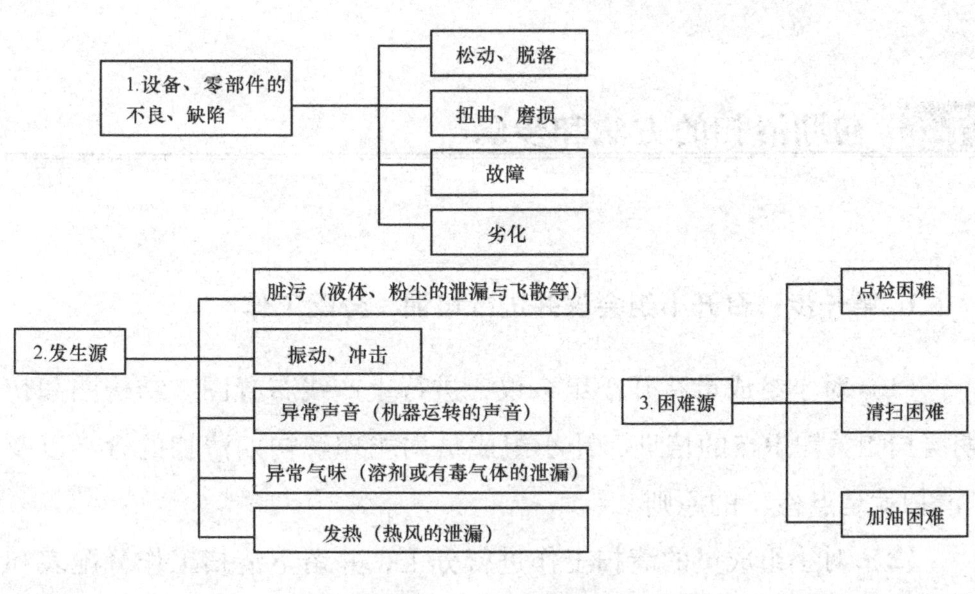

图 5-3 设备缺陷层次

5.7 清扫不彻底的危害

不能把清扫单纯地看成是一项简单的清洁工作，如果清扫不彻底，会造成很多弊端，引起很大危害，见表 5-3。

表 5-3 清扫不彻底的危害

危　害	原　因
故障	旋转部位、滑动部位、空压、油压系统、电气控制系统、感测器等因污物或异物混入，而产生磨耗、阻塞、通电不良等，造成精度降低或误动作，导致出现故障
品质不良	因异物直接混入产品或设备的误动作而造成品质不良
强制劣化	废弃物、污物而造成松动、龟裂、异音、断油等造成点检困难，成为强制劣化的原因
速度损失	因污物而造成磨耗加速，滑动抵抗增加，降低设备能力及空转等的速度损失

5.8 初期清扫的方法和步骤

1. 第一步：召开小组会议并进行培训，分配工作

（1）对小组成员召开小组会议，进行生产线布置图、结构图和初期清扫相关知识点的培训，让小组成员均能理解初期清扫的含义以及“清扫就是点检”的原则。

（2）对小组成员的清扫工作进行分工，并留下清扫工作分配表和TPM活动的会议记录。

2. 第二步：在活动前拍照记录

清扫活动开始前，先组织人员到现场示范设备区域对发现的所有不具合点、微缺陷进行拍照注意要定点拍照（距离、角度、位置要选好），并将发现的问题记录下来。

3. 第三步：彻底清扫及改善活动

所谓彻底的设备清扫是指除了单纯地清除污垢和垃圾以外，还应在清扫的过程中发现设备的故障及疑问点，在可能的情况下进行修复，并学习和掌握设备的功能和构造，同时培养发现故障的能力。具体操作方法如下：

（1）对发现的不具合点，能复原的马上进行复原、改善。

（2）属于本部门不能马上处理的问题点处要挂上白色F标签；需要外单位协助解决的问题点要挂上红色F标签（后面章节会介绍其用法）。

（3）在步骤（1）中，保养部门应与操作部门一起，拆卸各类结构复杂的盖板，找出问题并共同研究对策。

4. 第四步：在活动后拍照记录

（1）对发现的不具合点已复原和改善完成的地方进行定点拍照（同样要注意距离、角度、位置），并作出不具合点统计表记录及对策。

（2）一般来说，一台设备的问题点可以查找到100~200个。

5. 第五步：诊断

本步针对所有发现的问题的复原率达到90%以上时，小组内部可进行自主诊断；合格后，再申请中层和高层诊断；全部合格通过后，再进行到下一阶段。诊断的流程及使用的表单请参照4.3和4.4节内容进行。

5.8.1 企业实施初期清扫的实战案例

企业实施初期清扫活动的现场实战照片如图5-4所示。

彻底的设备清扫活动

彻底清扫设备

紧固、检查所有的螺纹件

图5-4 初期清扫实战案例

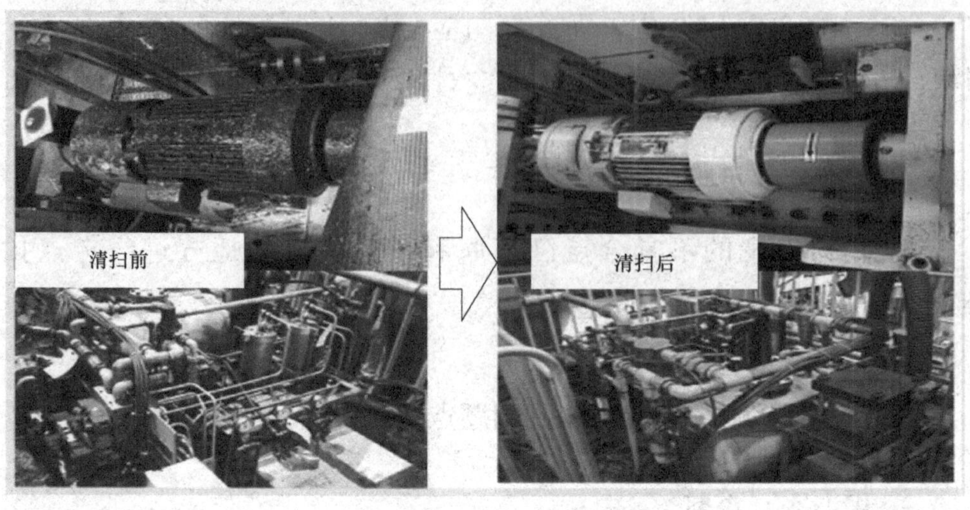

图 5-4　初期清扫实战案例（续）

5.8.2 初期清扫的实施流程及对应实战图片

初期清扫的实施流程及对应实战图片如图 5-5 和图 5-6 所示。

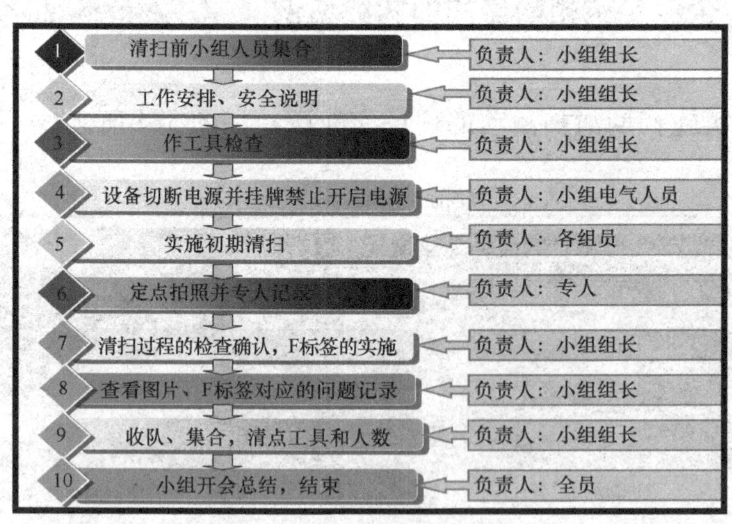

图 5-5　初期清扫的实施流程

图5-6　初期清扫实施流程的对应实战图片

5.8.3　初期清扫的工作分配表单和不具合点统计

自主保养活动在实施初期清扫活动前，要对小组人员的工作进行合理的分工。初期清扫工作分配表见表5-4。

表5-4　初期清扫工作分配表

组名：　　　　　　　　　　设备名称：　　　　　　　　　　文件编号：

区域	清扫内容	负责人	清当方法	清扫程度及可拆卸部分	工具准备	安全事项

事备局：　　　　　　经理：　　　　　　组长：　　　　　　制作：

在进行初期清扫时，要对发现的不具合点进行统计，见表 5-5。

表 5-5　不具合点汇总清单

<table>
<tr><td colspan="6">设备名称：</td><td colspan="3">小组名称：</td><td colspan="5">整改区域：</td></tr>
<tr><td rowspan="4">编号</td><td rowspan="4">部位</td><td colspan="2">不合理内容</td><td colspan="2">发现</td><td>改善对策</td><td rowspan="4">预定完成日期</td><td rowspan="4">实际完成日期</td><td rowspan="4">改善结果</td><td colspan="3">区分</td><td rowspan="4">改善整改负责人</td></tr>
<tr><td rowspan="3">区别记号</td><td>◎运转中可处理</td><td rowspan="3">发现时间</td><td rowspan="3">发现者</td><td>◎在小组内处理</td><td rowspan="3">污染源</td><td rowspan="3">困难部位</td><td rowspan="3">其他</td></tr>
<tr><td>○于更换时间处理</td><td>○委托保养部门</td></tr>
<tr><td>△于设备停止时处理</td><td>△委托技术人员</td></tr>
<tr><td></td><td></td><td></td><td></td><td></td><td></td><td></td><td></td><td></td><td></td><td></td><td></td><td></td><td></td></tr>
<tr><td></td><td></td><td></td><td></td><td></td><td></td><td></td><td></td><td></td><td></td><td></td><td></td><td></td><td></td></tr>
<tr><td></td><td></td><td></td><td></td><td></td><td></td><td></td><td></td><td></td><td></td><td></td><td></td><td></td><td></td></tr>
<tr><td></td><td></td><td></td><td></td><td></td><td></td><td></td><td></td><td></td><td></td><td></td><td></td><td></td><td></td></tr>
<tr><td></td><td></td><td></td><td></td><td></td><td></td><td></td><td></td><td></td><td></td><td></td><td></td><td></td><td></td></tr>
<tr><td></td><td></td><td></td><td></td><td></td><td></td><td></td><td></td><td></td><td></td><td></td><td></td><td></td><td></td></tr>
</table>

5.8.4　初期清扫设备部位结构图

对设备进行初期清扫前，要对组员开展针对设备结构、部件、功能、名称等内容的培训。初期清扫部位设备结构如图 5-7 所示。

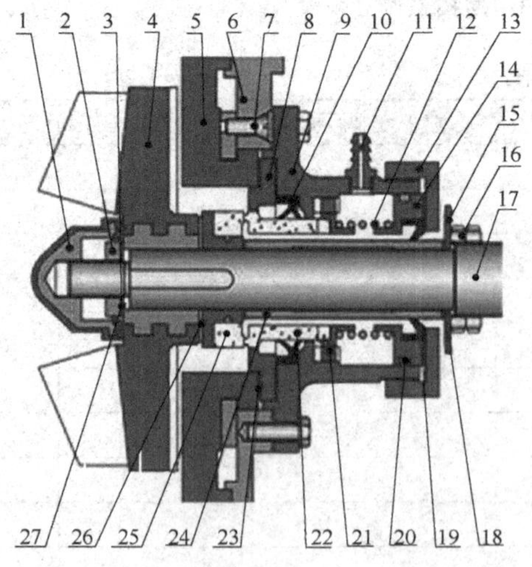

1. 锁紧螺母	15. 挡酸片
2. 防转螺母	16. 主轴拼帽
3. 锁紧螺母L垫	17. 主轴
4. 叶轮	18. 轴套垫
5. 泵体	19. 冷却水封
6. 后盖板	20. O形密封圈
7. 十字连接螺钉	21. 静环座
8. 密封盒垫块	22. 静环
9. 密封盒	23. 密封盒垫
10. 防砂K形圈	24. 轴套
11. 冷却水嘴	25. 动环组合
12. 弹簧	26. 叶轮垫
13. 密封盒盖	27. 弹簧垫片
14. 弹簧座	

图 5-7　初期清扫部位设备结构图

5.9　初期清扫的顺序

就一台设备来说，清扫时要按照一定的顺序进行，这样才会更有效率。初期清扫设备部位顺序如图 5-8 所示。

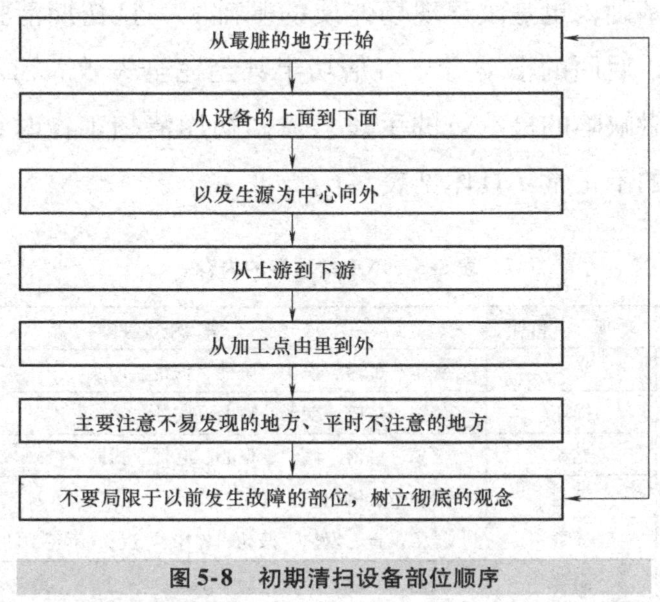

图 5-8　初期清扫设备部位顺序

5.10　初期清扫能发现的不正常现象

清扫是为了点检设备的健康状态，所以活动的要点就是找出设备的不正常现象。所谓不正常现象，是指“已发生的不正常现象”和“可能产生的不正常现象”两种情形。

里外都清扫是消除设备不正常现象的基础。企业可以通过清扫来执行点检工作，并通过量化的指标来评估清扫的质量。这些指标包括发现了什么样的不正常现象，清扫的质量是否有所提升，是否学会了用“五感”来点检，是否对不正常现象的原因进行了总结和分析，对规定事项是否严格执行，是否完成了目标要求，等等。初期清扫阶段绝不只是对表面的清洁，如果未能发现设备的不正常现象，就必须从头再来。

“清扫就是点检”“点检在于发现设备的不正常”，这是自主保养活动的两个基础，也是改善现场体质的基础。一旦初期清扫阶段的活动半途而废，后面的活动必将事倍功半甚至完全失效。因此，清扫作为发现设备微缺陷的最有效的手段，在做初期清扫工作时，要注意发现七个方面的不正常，具体见表5-6。

表5-6 不正常项目的内容

种　类	项　目	举例说明
微缺陷	污染	灰尘、脏污、粉尘、脏油、铁锈、油漆
	损坏	龟裂、破碎、变形、弯曲、腐蚀
	晃动	摇晃、脱落、倾斜、偏心、磨耗、扭曲
	松弛	传动带、链轮
	异常	异常声音、发热、振动、异味、变色、不正常的压力和电流
	附着	阻塞、硬化、堆积、动作不良
基本条件不佳	润滑	油量不足、脏油、不明油种、不适合油种、漏油
	加油	脏油、加油口变形或破损、油管不通
	油位计	脏污、破损、泄漏、没有标示
	锁紧	螺钉、螺母：松动、掉落、过长、断裂、不当的垫圈、腐蚀
困难部位	清扫	机械结构、盖子、立足点
	点检	盖子、结构、仪器的位置方向、明确标识
	加油	加油口位置、结构、尺寸、立足点、周围
	锁紧	盖子、结构、尺寸、立足点、周围
	操作	机器配置、开关位置、操作杆位置、立足点、高度
	调整	压力计、温度计、流量计、水分计位置
发生源	成品	泄漏、溅出、喷出、飞散、溢出
	原料	泄漏、溅出、喷出、飞散、溢出

（续）

种　　类	项　　目	举例说明
发生源	油类	润滑油、动作油、燃料油的泄漏、喷溅、溢出
	气体	空气、瓦斯、蒸气
	液体	水、废水、冷却水泄漏、喷溅、溢出
	废屑	切削、包装材、不良品
	其他	由其他设备设施带来的
品质不良源	异物	铁屑、碎片、毛边、昆虫
	撞击	掉落、摇晃、碰撞、振动
	浓度	加热、混合、搅拌、蒸发不当
	温度	温度、湿度、气压、静电
不需要或不要紧的物品	机器	泵、风扇、空气压缩机、管槽
	管路设计	配管、输送管、导管、阀门、调节器
	设备仪器	温度计、压力计、秒表、秤、管路、开关
	材料备品	预备品、剩料、在库品、备件
	私人物品	饮料、餐盒、电瓶、钱包
	维修材料	胶带、绳索、电线、铁板、焊条
不安全场所	地面	凹凸、落差、突出物
	阶梯	太陡、防滑脱落、没有扶手
	照明	亮度、位置不当、防爆
	转动部位	转动有罩、转轴有套、区域有栏、急停
	叉车	钢索、吊钩、制动、速度、限重
	其他	特殊物品、溶剂、毒气、护具、感应开关

此外，初期清扫阶段还要注意一个问题，那就是对造成污染的来源进行改善。如果作业人员每天都在进行清扫，却不知道污染在哪里，污染程度如何，则不仅改善工作无法顺利进行，作业人员也只能算是“清洁工”而已。本阶段的发生源改善活动主要是针对那些简单、容易的部位进行，比较困难的部位将放在第二步“发生源与困难源的改善”中进行处理。

总的来说，本步骤就是要切实通过对设备及周围环境的整理、整顿、清扫，找出不良（微缺陷、发生源等）的存在，并在日常能力所及的范围内进行处置及改善，以实现以下目标：

（1）通过整理、整顿、清扫将污垢除去，创造一个整洁的工作场所。

（2）改善造成灰尘、脏污的源头并改善周围恶劣的环境。

（3）通过整理、整顿、清扫，使设备潜在的缺陷、异常显性化，并恢复其机能。

（4）彻底清扫设备的各个角落，切身体验“清扫就是点检”，做到“自己的设备自己维护”。

（5）按照计划推进整理、整顿、清扫，提高全员的管理水平，形成一个“能遵守已决定事项”的工作氛围。

总之，作业人员只有尽力去改善污染，才可以消除设备的不正常现象，并保持设备的清洁。

5.11 如何发现不正常部位

按照“清扫就是点检”这一基本原则，活动时，要把目的放在发现更多的问题点，对设备的各个角落进行彻底清扫，发现100～200个缺陷是很正常的事情。但是，如何才能发现这些不正常部位呢？以下是发现不正常部位的一些方法：

（1）事先确认安全等事项。

（2）作业人员要以“我的工作就是清扫”的想法，亲自进行清扫。

（3）对设备污垢要彻底清扫。

（4）打开过去一直没有拆开过的挡板和盖子，对设备的方方面面彻底清扫。

（5）有需要分解的，就分解来清扫。

（6）不仅对设备主体，还要对辅助设备、电气箱等附带设备也都进行清扫。

（7）不能有“就算清扫了也会变脏”的念头，要确认清扫后到什么时候变脏、从哪里开始变脏、脏到什么程度。

（8）“感觉到了的东西不一定能理解它，只有理解了的东西才能深刻地感受它。”TPM 点检就是在这种哲学思想的指导下，通过人体功能不断感觉、理解，再感觉、再理解，循环往复地发现设备异常，产生新的创造力。所以，TPM 自主保养的初期清扫活动也要活用“五感”（视觉、触觉、听觉、嗅觉、感觉）来发现设备的不正常项目并予以记录。

（9）找出不正常部位后，要挂上 F 标签。

（10）实施前进行基础教育——OPL（设备构造、机能、润滑、锁紧等）。

在企业开展自主保养初期清扫活动初始，当无法找出设备的不正常现象时，员工可能常常会以“工作忙”“没时间”为借口。之所以发生这种情况，往往是由于现场作业人员只是在设备非运转时找问题或者只是用眼睛观察，忽略了一些必须与设备“亲密接触”才能发现的不正常现象，如异常声音、异常振动、异常发热等。而振动或发热等问题，一般在设备运转过程中才比较容易被发现的。也就是说，在设备运转时，较能找出问题的所在。因此，企业必须要求员工在设备运转过程中也要进行点检。作业人员可以带着抹布，胸前的口袋装着“F 标签”，在设备运转中将异常噪声、振动、发热等不正常现象找出来并进行标识。只有如此细致、深入地开展清扫工作，才会找到问题。因此，自主保养的初期清扫活动除了要作静态检查外，还要作动态的检查。

5.12 不具合点的定义

在丰田的TPM自主保养活动中，为了对设备的微缺陷或不正常项目作出更加形象和直观地说明，使用了一个专业术语“不具合点”来表示。那么，什么是“不具合点”呢?

通常把让人感到不妥当、不必要、不正常、不经济、好像要出故障了、很麻烦、很累、好像有更好的方法、别人都不这样做、为什么没做、故障、瑕疵、缺点、损伤、脏、浪费、不整齐、不好做、不安全、很困难等感觉的部位称为“不正常项目”，专业术语则称作“不具合点”。

5.13 找出不具合点的注意要点

按照初期清扫活动的目的、事前准备、清扫的实施顺序来推进，特别是通过清扫来体现设备的潜在不具合点是很重要的，所以，下面先来介绍一下找出不具合点的注意要点。

（1）要抛弃“从前就这样”“一向如此”等想法，诚实地重新审视后，再提出“应该是这样才对”“这样的话更方便”等新想法。

（2）对于小尺寸螺钉的松动、缺失，套管结合处调整螺钉的松弛等看似“微不足道”的项目也不可遗漏。

（3）要学会判断、识别设备的缺陷和不正常，事先要接受领导或设备专业维护人员的指导。

5.14 提升发现不具合点的能力

对于现场设备操作人员来说，不断地提升发现不具合点的能力是一件非常重要的工作，因为这也是一个合格的设备操作员必须具备的基本条件，即发现设备的异常能力。一般说来，可以从以下六个方面进行能力提升：

（1）重复地实施发现不具合点的活动。

（2）实施发现不具合点活动后，请资深的同事、上司、专业设备保养人员复查，并接受指导。

（3）实施发现不具合点活动时，采取“1+2”方式（1 位专业设备保养人员+2 位现场人员）配合进行。

（4）实施前阅读说明书、图样、设备零件构造技能资料，有必要的需请专业设备部门先进行培训。

（5）多次使用五感进行不具合点的发现，对比诊断结果和实物状况，来训练敏感度。

（6）从设备部门所记录的故障履历中查阅故障常发部位并将其列为必查项目。

5.15 F 标签的定义及种类

在前面 5.11 节内容里面提到，当发现设备的不正常项目后，需要挂上 F 标签。但是何谓 F 标签？它是如何在初期清扫活动中使用的？是否每发现一个设备不正常的问题，都需要立即挂上 F 标签呢？F 标签的种类又有哪几种？下面就这些问题进行一一说明。

1. F 标签的定义

机台应有状况和机台实际状况之间的差距称为 F（Fault），即缺点、缺陷、瑕疵、毛病。

2. F 标签的管理

当时能清理、复原的立即清理、复原，不能处理的才需要挂 F 标签进行管理。

3. F 标签分类

（1）白色 F 标签：不需要借助外力，自己本部门就可以完成的项目。

（2）红色 F 标签：单靠自己无法完成，需要高度技能及专业知识的项目。

不正常部位使用的红、白色 F 标签和企业 TMP 活动中使用 F 标签的案例如图 5-9 和图 5-10 所示。

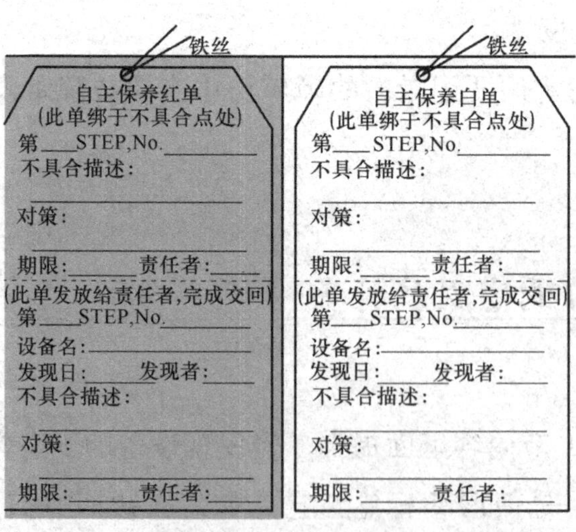

图 5-9　不正常部位使用的红、白色 F 标签

图5-10 企业TPM活动中使用F标签的案例

5.16 F标签的使用流程及注意要点

接下来介绍一下F标签的使用流程及注意要点。F标签是一种"设备不具合点信息可视化"工具。

1. F标签的使用流程

(1) 首先，发现不能马上处理解决的不具合点时应填写F标签，将第一张粘贴在对应的设备问题上，回收第二张，并将不具合点的内容填写在不具合点、发生源、困难部位清单上。

(2) F标签上不具合点的内容填写应当尽量详细，让人看了以后可以立即了解。

(3) F标签上不具合点的内容填写要编写流水号，以便于管理追踪。

(4) 白色F标签由本部门自行处理；红色F标签则委托设备保养部门进行处理（由发现不具合点的人判断应填写白色F标签还是红色F标签）。

（5）在活动板上记录回收的F标签数量。

（6）针对已挂出的F标签（白色F标签和红色F标签）分别采取应对措施。

（7）将已进行处理的挂在设备上的F标签（白色F标签和红色F标签）回收，并在活动板上记录结果。

2. 使用F标签的注意要点

无论是白色F标签还是红色F标签，只要是挂在设备上的，就一定要想办法解决处理。如果到了计划完成时间还没有处理好，责任部门要给出具体的对策说明，而不能一直将F标签挂在设备上。公司高层或部门主管到现场检查看到这些F标签要很敏感，注意查看上面的日期是否已经过期，并主动向现场员工了解示范设备F标签的处理完成情况，必要时给予一定的协助，使其尽快将问题处理好。

5.17 召开初期清扫活动小组会议的方法

企业在召开TPM自主保养的初期清扫活动小组会议时，要有正确的方法，只有这样，才能达到事半功倍的效果，具体见表5-7。

表5-7 召开小组会议的方法

小组会议的形态	目 的
教育训练	教导小组成员学习TPM的相关知识与手法
清扫前小组会议	（1）了解设备的结构 （2）清扫过程安全事项的说明 （3）清扫工具的准备 （4）分工 （5）清扫重点的说明

（续）

小组会议的形态	目　的
清扫后小组会议	（1）总结清扫中发现的问题点 （2）讨论改善问题点 （3）书写相关材料 （4）清扫工作检讨 （5）下次活动相关事项

5.18　初期清扫复原、改善案例

利用初期清扫进行点检，可以在事前发现因不正常现象引起的设备停止损失和其他损失，并且有计划地对发现的设备不具合点进行复原、改善，将设备损失防患于未然。

1. 企业 TPM 实战案例一

在某机器加工的现场，作业人员在生产线上进行清扫点检，发现现场不正常现象共有 133 处。其中，较具代表性的有以下五项：

（1）输送带的油压装置没有润滑盖子，且油箱中有大量的切屑，导致机械动作不良，使零件的传送发生困难。

（2）自动润滑装置的油箱中没有润滑油，呈现出不润滑的状态，造成滑动面板不能滑动。

（3）移动材料的两根链条中有一根松了，仅靠一根链条的力量在运转，存在链条断裂的安全隐患。

（4）轴没有用防松螺母固定，只用铁丝固定，存在刀具掉落的安全隐患。

（5）钻床用的圆形皮带在更换周期前发生断裂，使生产线因故停机 1h 左右。

综合这些因不正常现象而致使设备故障所导致的损失金额，合计 44892 元，其中包括为解决停线问题所支出的员工加班费用以及设备故障的修理费用等。

如果设备进行了有效的清扫点检工作，则这些问题基本上可以避免。因此，这 44982 元就是针对不正常现象采取事前防范对策所能取得的量化效果。

2. 企业 TPM 实战案例二

打开机器盖板进行设备内部清扫点检时，发现到处都有气体外泄的部位，同时也发现 10 个 4mm 直径大小的洞。如果任其外泄的话，每月将漏掉 60200m^3 的气体。1m^3 气体约 1.56 元，所以一年将损失 93800 元。若企业事前对设备进行检查，则可以节省下这笔钱。

3. 企业 TPM 实战案例三

某班组在生产线上进行清扫点检时，发现有 91 项不正常现象。其中，最主要的有以下 5 项：

（1）搬送材料的滚筒上有磨损，造成制品的外观不良。

（2）有 3 台油压装置的油量不足，造成机械动作不良，导致制品品质不良。

（3）搬送材料用的电动机 V 形带破损，如果在生产过程中发生断裂，将造成停线 30min 左右。

（4）机器的电动机有 2 颗固定螺钉脱落，造成电动机移动时传动带松脱，可能会产生不良品。

（5）当点检机器内部后发现 2 颗驱动齿轮的固定螺钉脱落，在 30mm 的范围内仅有 5mm 范围的齿轮可以嵌合，可能会造成生产线停顿 10min 及生产不良品的情况。

若企业未事先发现上述不正常现象并加以处置的话，则可能发生停线与产品不良，损失金额将达 13132 元。

4. 企业 TPM 实战案例四

作业人员接触油压配管时发现，排水阀烫得无法触摸。于是在请教设备保养人员后，作业人员得知电动机功率过高是造成排水阀温度过高的直接原因。

接着调查为什么要用这么大功率的电动机。答案就在于液压油一旦脏污，便会导致流量不足，因而要用大功率的电动机才能保证供油量，但使用大功率电动机的结果就是导致排水阀过热。所以，要改善液压油脏污问题，首先应找出污染液压油的发生源，然后进行改善并维持，接下来就是更换小功率的电动机。结果是每台电动机一年可省下 1474 元的电费。

上述事例都是在企业中进行自主保养的实际案例。从中可以看到，通过清扫点检发现不正常现象，可以事先防止许多损失的发生。虽然一个事例也许一年只是减少数千到数万元损失，但积少成多，解决数百甚至数千个不良状况所带来的效益将是十分惊人的。

初期清扫活动及复原改善案例照片如图 5-11 ~ 图 5-20 所示。

图 5-11　生产人员进行设备停机清扫点检

图 5-12　打开盖板进行内部点检

图 5-13　操作人员与设备保养人员一起进行现场分析

图 5-14　设备运转中进行振动和温度的点检

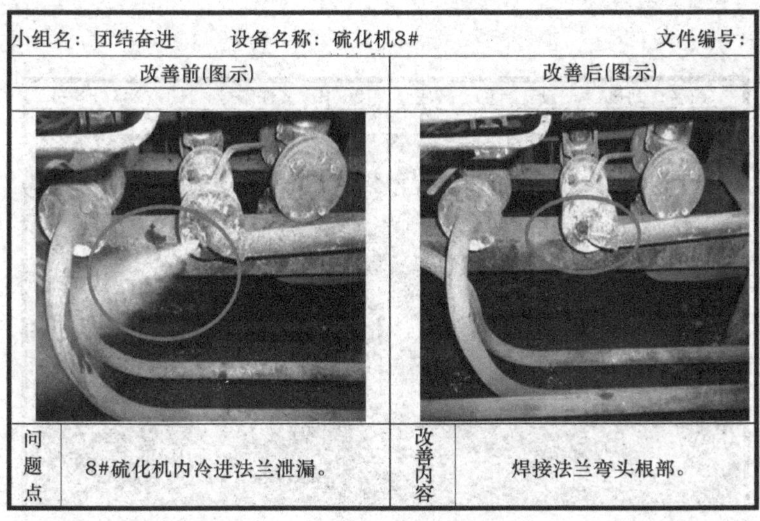

小组名：团结奋进	设备名称：硫化机8#		文件编号：
改善前(图示)		改善后(图示)	
问题点	8#硫化机内冷进法兰泄漏。	改善内容	焊接法兰弯头根部。

图5-15 两源改善案例（一）

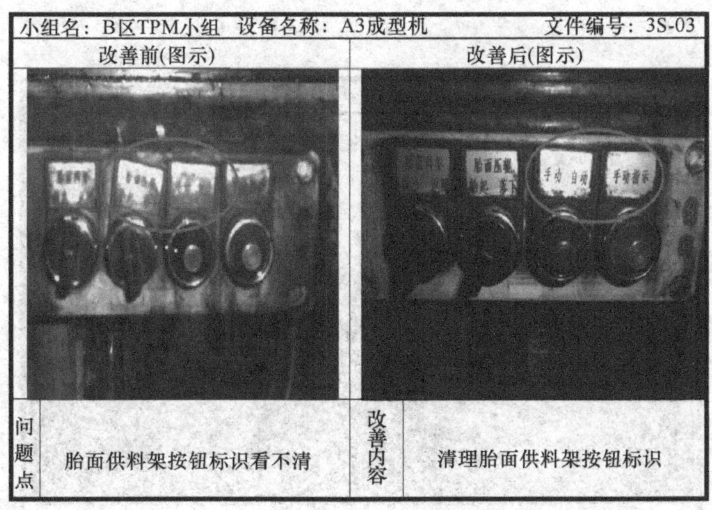

小组名：B区TPM小组	设备名称：A3成型机		文件编号：3S-03
改善前(图示)		改善后(图示)	
问题点	胎面供料架按钮标识看不清	改善内容	清理胎面供料架按钮标识

图5-16 复原改善案例（一）

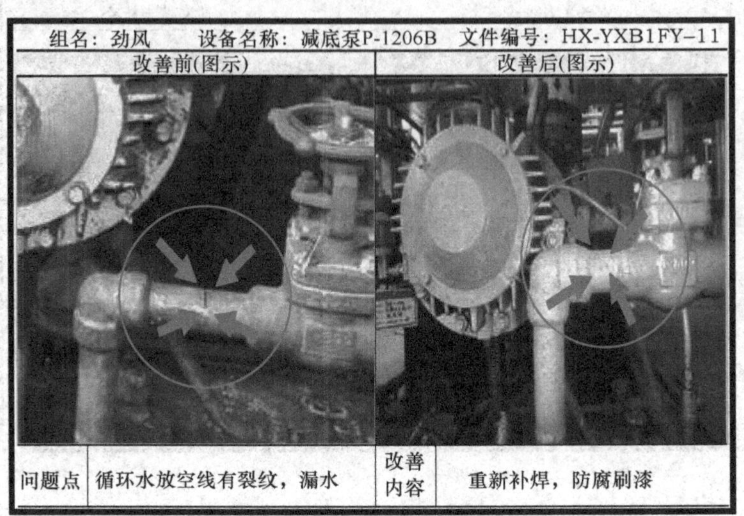

组名：劲风　设备名称：减底泵P-1206B　文件编号：HX-YXB1FY–11

改善前(图示)		改善后(图示)	
问题点	循环水放空线有裂纹，漏水	改善内容	重新补焊，防腐刷漆

图 5-17　两源改善案例（二）

组名：劲风　设备名称：减底泵P-1206B　文件编号：HX-YXB1FY–01

改善前(图示)		改善后(图示)	
问题点	电动机接线盒灰尘多	改善内容	将灰尘彻底清理

图 5-18　复原改善案例（二）

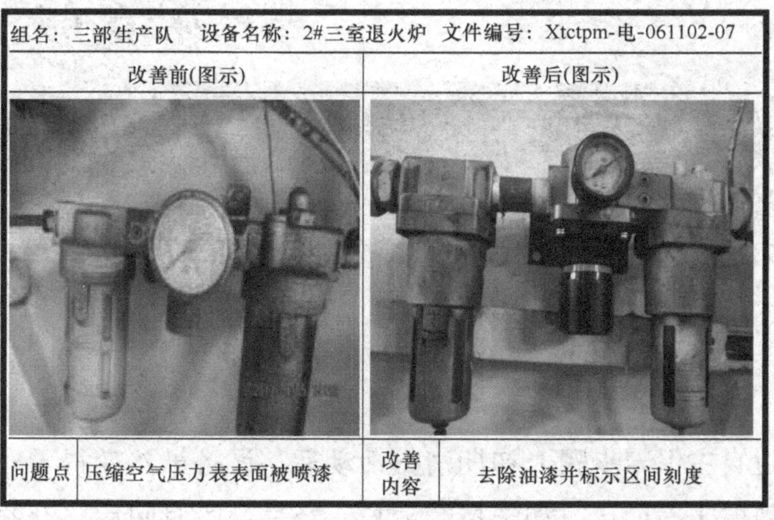

组名：三部生产队　设备名称：2#三室退火炉　文件编号：Xtctpm-电-061102-07			
改善前(图示)		改善后(图示)	
问题点	压缩空气压力表表面被喷漆	改善内容	去除油漆并标示区间刻度

图5-19　两源改善案例（三）

组名：三班　设备名称：一次球磨5#机　文件编号：XTCTPM-锂-051			
改善前(图示)		改善后(图示)	
问题点	轴承座粉尘厚、油污多	改善内容	粉尘清扫干净，表面油污清除

图5-20　两源改善案例（四）

第6章 自主保养步骤2：两源对策

经过自主保养步骤 1 初期清扫活动后，设备虽然变得干净，但这只是短暂的干净而已，如未持续清扫，经过一段时间后，设备又会开始变脏，各项不具合点也会慢慢增多。因此，维持设备的清洁是一件很重要的工作，如果无法维持，步骤 1 的活动成果将会前功尽弃。

为了维持设备的清洁，必须设法将造成设备脏污的原因予以消除，如漏油、漏水、漏沙、粉尘、铁屑等，除此之外，还必须维持设备的基本条件。为了保持设备的正常运转，往往要花费很多时间用在设备的清扫、加油、点检等工作上。如能缩短清扫、加油、点检等工作的时间，不仅能够提升生产效率，同时作业人员也会更乐意执行这些工作。自主保养步骤 2 的活动内容就是针对上述问题的改善。

6.1 污染发生源、困难源的定义及种类

6.1.1 污染发生源、困难源的定义

污染发生源是指出现污染的源头，可分为外部污染源头和设备自

身污染源头两个方面。外部污染源头是指由于设备所处周边环境不卫生而造成设备经常出现污染，如室内排风不畅造成设备外表积尘，地面积水导致设备底部生锈等；设备自身污染源头是指设备本身漏油、漏水，铁屑乱飞等。

困难源是指必须费时（10min以上），且不易清扫、加油、点检、运转操作及更换的部位。

6.1.2 污染发生源、困难源种类

1. 发生源的种类

（1）设备本体的脏污物跑、冒、滴、漏，如粉尘、液体的泄漏和飞散。

（2）振动冲击造成的破损掉落，如粉尘、液体的泄漏和飞散。

（3）噪声，如运转异常声音、摩擦异常声音。

（4）刺激性气体，如溶剂泄漏、有毒气体的挥发等。

（5）发热，如热风的泄漏和摩擦引起的热等。

2. 清扫困难的种类

清扫困难是指清扫困难或消耗的时间长的部位。其主要有以下种类：

（1）手够不到的位置，如没有垫板和栏杆的位置、高的位置。

（2）身体或手进不去的、狭窄的位置。

（3）在罩里面的位置。

（4）铺在地面上的管道、线路。

（5）紧贴在机器侧面的管道和线路。

(6) 管道和线路密集的位置。

(7) 连接螺栓和螺母多的罩类。

(8) 表面凹凸情况多的位置。

(9) 机器底面的缝隙。

3. 点检困难的种类

点检困难是指容易疏忽点检的地方或者需要长时间点检的部位。其主要有以下种类:

(1) 高处(需要上去的地方)。

(2) 低处(需要弯腰的地方)。

(3) 很难看到的地方(需要用手打开盖子的地方)。

(4) 一次性被阻断的地方(需要绕行的地方)。

4. 加油困难的种类

加油困难是指加油时难以确认,或者难以知道油量,或者需要长时间加油的部位。其主要有以下种类:

(1) 加油口位置不好的地方。

(2) 看不见加油口的地方。

(3) 难以确认或无法确认润滑油量的地方。

5. 运转、操作、更换困难的种类

运转、操作、更换困难是指由于操作困难,需要的时间长或存在误操作可能性的部位。其主要有以下种类:

(1) 使用工具的位置。

(2) 需要爬上去或绕行的位置。

(3) 操作次数频繁的位置。

（4）发生操作失误可能性高的位置。

（5）无法确认现状态的位置。

6.2 两源对策活动的目的

步骤 1 初期清扫的侧重点是问题点的复原。比如设备生锈了，我们只是先除锈再刷漆，至于为什么会生锈，还没有去考虑。而到了步骤 2 两源对策，就必须去考虑了。所以在两源对策活动中，需持续激发员工思考问题的热情，提高解决问题的能力。这种能力的体现就在于产生了许许多多意想不到的改善提案。

在这个步骤中，要切断废弃物、污物的发生源，防止飞溅，改善清扫、点检、加油及运转操作困难部位，使在规定的时间里可以完成清扫、点检、加油及运转操作的工作。

困难部位的改善是改善萌芽开始的重要阶段。小组成员一起努力进行改善，通过体验取得的成果，小组成员和上级领导都可以感受到改善成果带来的快乐，从而得到成长。其目的在于，培养操作人员改善设备的能力，由简单的复原转变为创造性的改善活动，使之形成并具备挑战更高水准改善的自信心。

步骤 2 从人和设备达成目的的两方面来比较，见表 6-1。

表 6-1　步骤 2 活动中人与设备的比较内容

人	排除负责区域及设备的发生源和困难源，谋求维持管理的容易化 了解设备的基本的管理方法及改善方法 改善需要花费较长时间的作业困难部位，能够在规定的时间内完成清扫、点检、加油等工作 通过分小组进行活动，可以学习到改善活动的推进方法、推进技巧，并体验到改善的喜悦 从以体力为中心的活动转变为以脑力为中心的活动，从而提高活动水平

（续）

设备	切断污染（灰尘、锈等）发生的根源，提高和维持设备固有的信赖性 通过改善各种困难部位，提高设备的保全性和安全性 对反复发生的不合理项目，通过开展彻底对策活动来达到预防故障发生的目的

6.3 两源对策活动的开展步骤

1. 召开小组会议进行培训

完成步骤1并通过三级诊断后，就可以进入步骤2两源对策了。同样，在两源对策活动开始前，也要导入召开小组会议进行培训的活动。

这个步骤要先对小组成员针对污染发生源、困难源的定义，污染源部位的构造、功能，WHY-WHY、鱼骨图等分析工具等方面的知识进行培训。其目的是让小组成员学习、掌握识别发生源、困难源的方法和技巧，以及如何对两源进行分析改善。

2. 拟订此阶段的活动计划

按照PDCA的原则，对两源对策活动拟订活动计划表。计划包括列出发生源、困难源的问题，污染源MAP图，困难源清扫、加油、点检MAP图，拟订改善计划，效果确认自主诊断、高层诊断。

明确两源对策活动的工作内容及完成时间节点，以及小组成员的担当等。

3. 进行发生源、困难源不具合点汇总并画出MAP图

为了更加清楚地识别发生源、困难源，小组成员需要重新整理在

步骤 1 初期清扫中所发现垃圾、污垢、异物的部位，并进一步分析其份量、成分及其对设备所造成的损害。

了解清扫、加油、点检费时及不易的部位，并进一步了解造成困难的原因。

对两源对策活动中发现的两源进行绘制两源 MAP 图，以便对示范设备的两源作全面的了解和掌握分析。

（1）参照初期清扫不具合点汇总清单，整理出两源汇总清单，见表 6-2。

表 6-2　两源汇总清单

<table>
<tr><td colspan="5">装置：</td><td colspan="5">小组名称：</td><td colspan="5">整改区域：</td></tr>
<tr><td rowspan="4">编号</td><td rowspan="4">部位</td><td colspan="2">不合理内容</td><td colspan="2">发现</td><td>改善对策</td><td rowspan="4">预定完成日期</td><td rowspan="4">实际完成日期</td><td rowspan="4">改善结果</td><td colspan="3">区分</td><td>改善</td></tr>
<tr><td rowspan="3">区</td><td>◎ 运转中可处理</td><td rowspan="3">发现时间</td><td rowspan="3">发现者</td><td>◎ 在小组内处理</td><td rowspan="3">污染源</td><td rowspan="3">困难源</td><td rowspan="3">其他</td><td rowspan="3">整改负责人</td></tr>
<tr><td>○于更换时间处理</td><td>○委托保养部门</td></tr>
<tr><td>△于设备停止时处理</td><td>△委托技术人员</td></tr>
<tr><td></td><td></td><td></td><td></td><td></td><td></td><td></td><td></td><td></td><td></td><td></td><td></td><td></td><td></td></tr>
<tr><td></td><td></td><td></td><td></td><td></td><td></td><td></td><td></td><td></td><td></td><td></td><td></td><td></td><td></td></tr>
<tr><td></td><td></td><td></td><td></td><td></td><td></td><td></td><td></td><td></td><td></td><td></td><td></td><td></td><td></td></tr>
<tr><td></td><td></td><td></td><td></td><td></td><td></td><td></td><td></td><td></td><td></td><td></td><td></td><td></td><td></td></tr>
<tr><td></td><td></td><td></td><td></td><td></td><td></td><td></td><td></td><td></td><td></td><td></td><td></td><td></td><td></td></tr>
<tr><td></td><td></td><td></td><td></td><td></td><td></td><td></td><td></td><td></td><td></td><td></td><td></td><td></td><td></td></tr>
<tr><td></td><td></td><td></td><td></td><td></td><td></td><td></td><td></td><td></td><td></td><td></td><td></td><td></td><td></td></tr>
</table>

（2）参照两源汇总清单，按照点检顺序，绘制两源 MAP 图，如图 6-1 和图 6-2 所示。

1 接线盒灰尘多
2 电动机护罩灰尘多
3 机封循环水外漏
4 阀门渗漏
5 油杯易漏油
6 封油渗漏
7 平衡管渗漏
8 机械密封漏

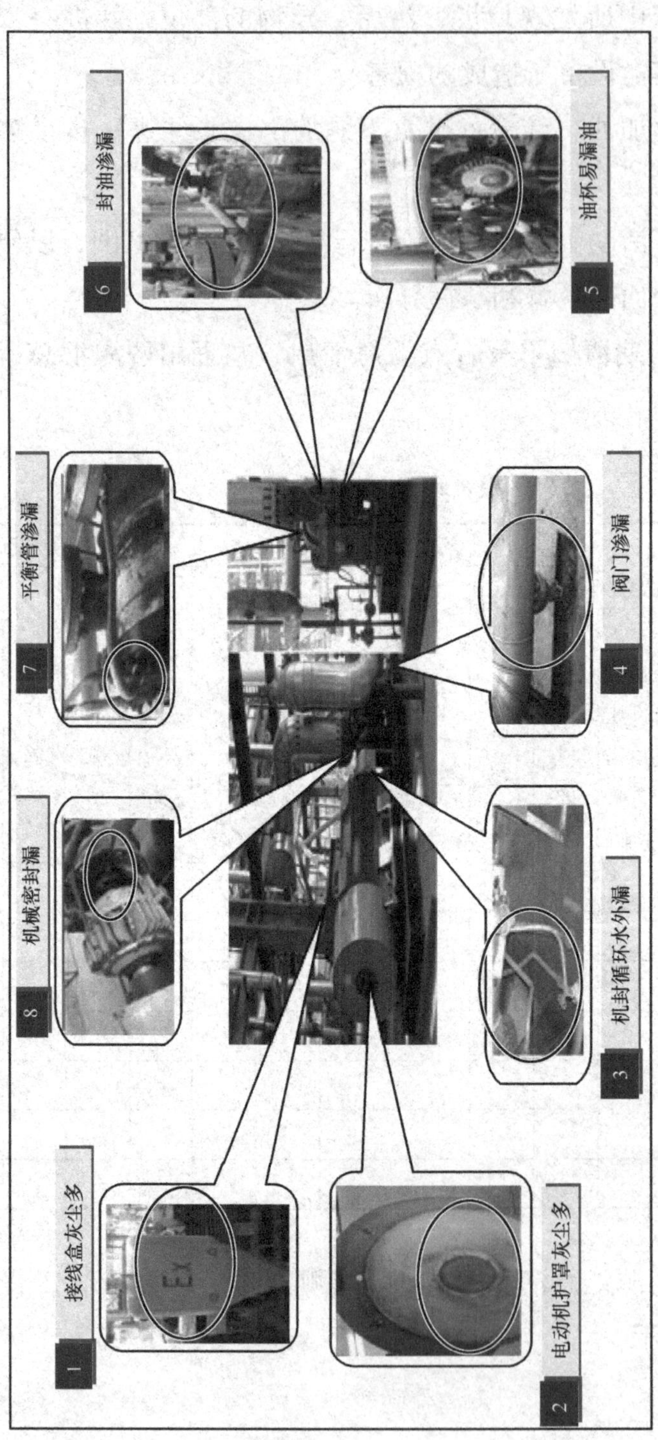

图 6-1 发生源 MAP 图

1 润滑油加油困难
② 循环水视窗难清理
③ 润滑油油标查看困难
④ 机泵盘车困难
⑤ 电动机底座螺栓松动难观察
⑥ 电动机底部难清理
⑦ 电动机护罩难清理
⑧ 电动机接线盒清理困难
⑨ 轴承箱清理困难
⑩ 封油压力查看困难
Ex
清扫困难
点检困难
加油困难
已处理
未处理

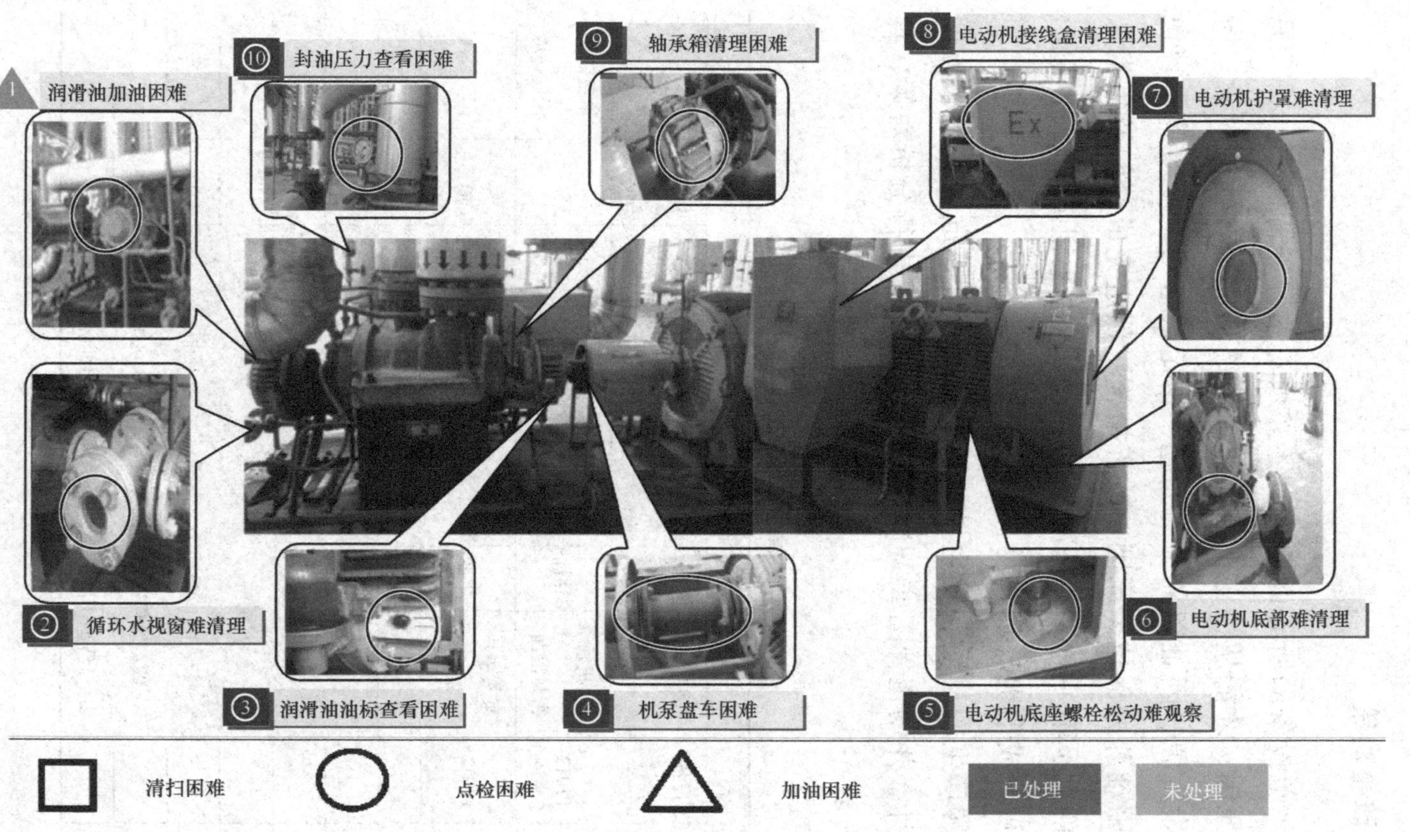

图 6-2　困难源 MAP 图

4. 拟定改善对策

明确了示范设备的所有两源后，还必须对两源进行彻底分析。只有找到本质原因，才能从根源上去解决，最终形成永久性的对策。所以，要列出发生源、困难源部位的问题，拟定改善对策。对策内容包含发生源及困难源的部位、原因、改善措施、预定完成时间及负责人等。因问题的大小不一，并不是每个问题都可以由小组成员自行完成，较大的改善可分成个别改善处理。

对发生源产生的材质、发生量、造成复杂程度、危害等几个方面进行分析统计，并用鱼骨图或WYH-WHY分析工具进行分析对策，具体见表6-3～表6-6。

表6-3　发生源分析统计表

发生源分析统计表									
序号	F标签编码	设备位号	发生源内容	材质	发生量	年损失量/L	清理频度	造成复杂程度	危害
1	CJY－001	P1012	电动机轴承密封泄漏	润滑油	5s 1滴	300	每一天清理一次	复杂	事故隐患 污染环境
2	CJY－002	P1012	泵头垫片泄漏	蜡油	10s 1滴	150	每两天清理一次	简单	污染环境

遗漏状态	年损失量/L
10s 1滴	150
5s 1滴	300
1s 1滴	1600
线型缓慢遗漏时	32600
线型快速流	116000

表6-4 发生源改善对策表

序号	F标签编码	设备位号	发生源部位	发生源内容	对策	负责人	完成日期	结果
1	CJY-001	P1012	电动机轴承密封处	润滑油泄漏	更换轴承密封垫圈	张华	2012.8.21	OK
2	CJY-002	P1012	泵头垫片	蜡油渗漏	更换泵头垫片	李刚	2012.8.22	OK

表6-5 困难源分析统计表

困难源分析统计表						
序号	F标签编码	设备位号	困难部位内容	类别	造成复杂程度	危害
1	CJY-01-0001	P1012	润滑油注油口	加油困难	复杂	影响人身安全及加油作业效率
2	CJY-01-0002	P1012	压力表	点检困难	简单	影响点检作业时间

表6-6 困难源改善对策表

序号	F标签编码	设备位号	困难部位内容	类别	对策	负责人	完成日期	结果
1	CJY-01-0001	P1012	润滑油注油口	加油困难	增加加油作业爬梯	徐华	2012.8.23	OK
2	CJY-01-0002	P1012	压力表	点检困难	增加颜色标记	张磊	2012.8.23	OK

5. 对策实施

根据上面所作的改善对策切实执行，但改善活动并不一定每次都是在线（On-line）作业，因为考虑到设备停机时间及安全性问题，改善活动也可以离线（Off-line）作业。当设备还在运转的时候，作业人员可以先思考改善的方式，甚至可以试做模型或改善工具等。当设备一但停止，马上把握时间，套用改善对策。如此一来，不仅节省时间，而且因为已经进行事前模拟或规划，改善的成功机率会更高。对于连续性产线而言，停机的机会相当有限，更应该珍惜每次停机时间去执行改善工作。

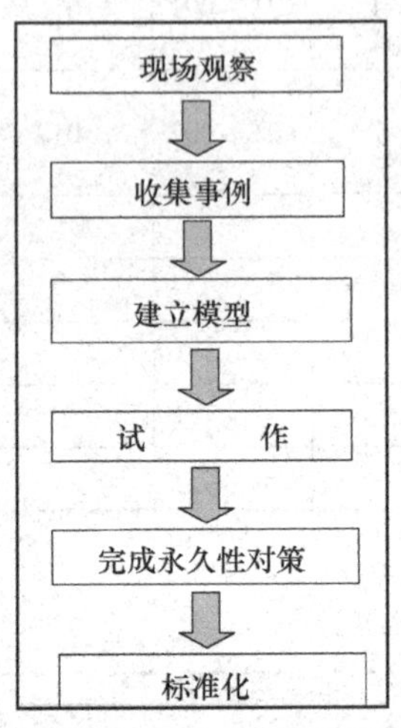

图6-3　离线改善步骤

离线改善步骤如图6-3所示。

6.4 如何改善发生源、困难源

生产现场的发生源和困难源是企业推行TPM自主保养活动的两大障碍。企业要想顺利推行自主保养活动，就必须想办法对两源进行改善。然而，很多企业在两源改善的过程中，常常会遇到类似的问题：发生源解决不彻底，困难源改善难以保持，等等。那么，到底该如何进行两源对策呢？

首先，将目前的这些问题进行分类，即把问题分成两大块——发生源的问题和困难源问题。针对发生源的问题，要从源头解决，所以一定要循着问题的表象一步步深挖，直至找到源头。举一个简单的例子：设备漏油，表象是设备本身或环境有油污，反复清扫，反复污染，员工活动的积极性很受打击。脏了就扫，这不是解决问题的根本办法，所以要找到污染的根本原因，再实施有效的对策。沿着油迹，可以发现油是从设备内部流出来的，所以要打开设备。然后，就可以比较清楚地看到油是从转动轴甩出来的。那么，转动轴为什么会甩出油呢？因为磨损缝隙增大了？油品黏度过低？油封坏了？等等。这个时候要花费大量的人力、物力去验证推测，直至找到真正的原因，再采取对策。这样才能从根本上解决油污的问题。

下面分别从两个方面来进行说明。

6.4.1 发生源改善对策的五个层次及方法

垃圾、污垢、异物等的发生有前工序发生、本工序发生、加工过程发生、设备发生、环境原因从外部进入等各种原因。不管是哪一种发生源，它的改善对策一般有两种：一种是防止发生对策；另一种是防止飞散对策。一般情况下，优先考虑防止发生对策。如果该对策不成功，实施后仍需派人定期管理，这时可以考虑采取防止飞散对策。比如，从设备本身发生的润滑油、冷却水等的泄漏，滑动部位的摩擦，镀膜装置移动时的漏液等发生源要彻底解决。但是，有时会有加工原理上不可避免地发生、无法切断发生源的情况。对这些情况的发生源，可以从以下几个方面采取对策：

（1）减少其发生量，减少切削加工时冷却剂的使用量。

（2）隔离污染物，防止飞散，将其控制在最小范围内，防止进一步扩散。

同时，结合勤于清洁、擦拭设备，以及使用方便的清洁设备工具和方法，效果会更好。

发生源的改善对策可以分为五个层次，由低到高开展，见表6-7。

表6-7　发生源改善对策的五个层次

能力提升	改善层次别	说　明
高	断	切断污染物的产生
↑	减	减少污染物的产量
↑	离	隔离污染物，不会污染设备或减少污染面积
↑	易	使设备清洁变容易
低	勤	勤于清洁设备

6.4.2 困难源的改善对策

困难点的改善对策又有哪些呢？前面已经提到过，困难源主要是指清扫、点检、加油这三项操作在实施的时候有难度，导致小组成员不能按标准去做，或者要花费很多时间、精力去做的部位。那么，如何解决、改善这类问题呢？还是举几个例子来说明：针对清扫困难的地方，可以考虑改善一些清扫工具，使得在清扫的时候变得方便；针对点检困难的地方，可以做一些可视化的改善；针对加油困难的地方，可以将加油嘴移到视野开阔一些的地方，碰到加油点多的设备，还可以考虑集中式加油，等等。下面就具体针对清扫、点检、加油困难的改善对策进行说明。

1. 清扫困难部位的改善对策

（1）将难以清扫的设备或部位整理移位。比如，把原本混乱的布线排得整齐，这样就方便清扫了。

（2）控制污染源的扩散。

（3）阻断外围污染物进入不易清扫的区域。

（4）制作方便、简易的清扫工具，使清扫变得容易。

（5）将长期没有清扫的部位彻底清扫干净后，再制定清扫的标准和设定清扫的频次，使清扫变得容易。

2. 点检困难部位的改善对策

（1）首先将被覆盖、难以点检的部位进行可视化。例如，在不影响设备运行的情况下，将点检的防护罩换成网状或透明的。

（2）对仪表、流量、压力表等进行标示。

（3）将无法目视点检的部位进行可视化。例如，在设备空调的出口系上一条红丝带，这样设备在运行时就可以马上目视点检。

3. 加油困难部位的改善对策

加油润滑对于设备的保养及正常运转至关重要。正确的加油润滑方式是选择匹配的油品，在规定的加油周期内，按照标准加在设备规定的加油口里，并能够正确供给到摩擦面。因此，为了让加油有效化，加油困难部位的改善对策如下：

（1）首先要明确加油的位置、油品规格和加油量。

（2）根据设备说明书，在设备规定的加油口作好目视化标示，并在油视镜或油戳上下标示油位的上线及下线位置。

（3）统一油品品质。

（4）固定润滑油放置方式。

（5）创新加油方式，如使用带刻度的油壶，或采用自动定时加油方式。

6.5 两源对策实施改善案例

图6-4～图6-9是自主保养两源对策活动进行改善的一些案例。

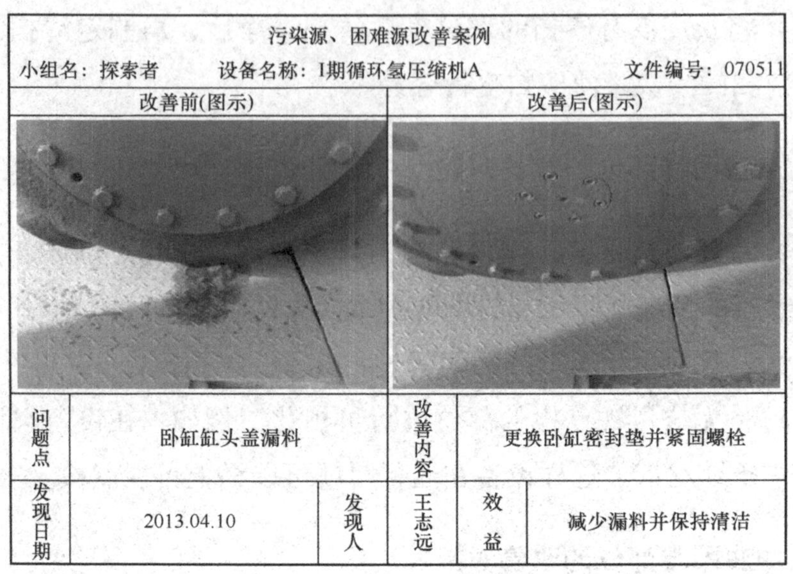

污染源、困难源改善案例

小组名：探索者　设备名称：I期循环氢压缩机A　文件编号：070511

改善前(图示)			改善后(图示)		
问题点	卧缸缸头盖漏料		改善内容	更换卧缸密封垫并紧固螺栓	
发现日期	2013.04.10	发现人	王志远	效益	减少漏料并保持清洁

图6-4　两源对策改善案例（一）

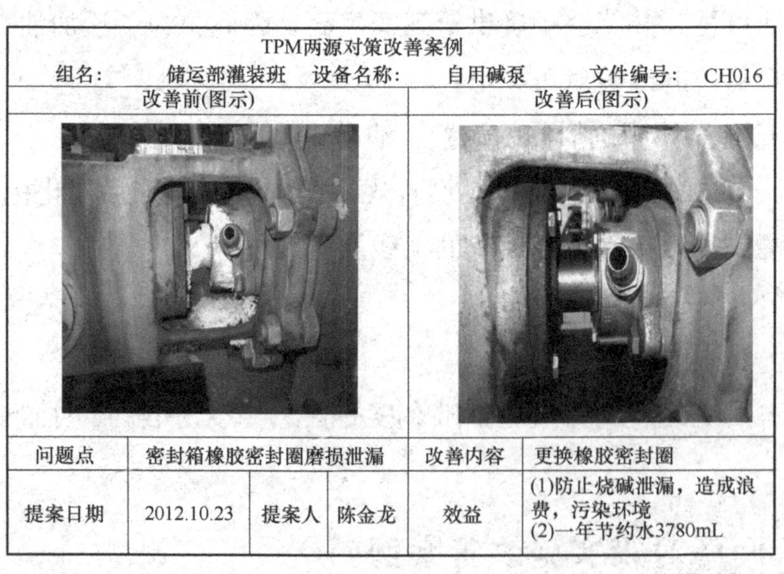

TPM两源对策改善案例

组名：　储运部灌装班　设备名称：　自用碱泵　文件编号：　CH016

改善前(图示)				改善后(图示)	
问题点	密封箱橡胶密封圈磨损泄漏			改善内容	更换橡胶密封圈
提案日期	2012.10.23	提案人	陈金龙	效益	(1)防止烧碱泄漏，造成浪费，污染环境 (2)一年节约水3780mL

图6-5　两源对策改善案例（二）

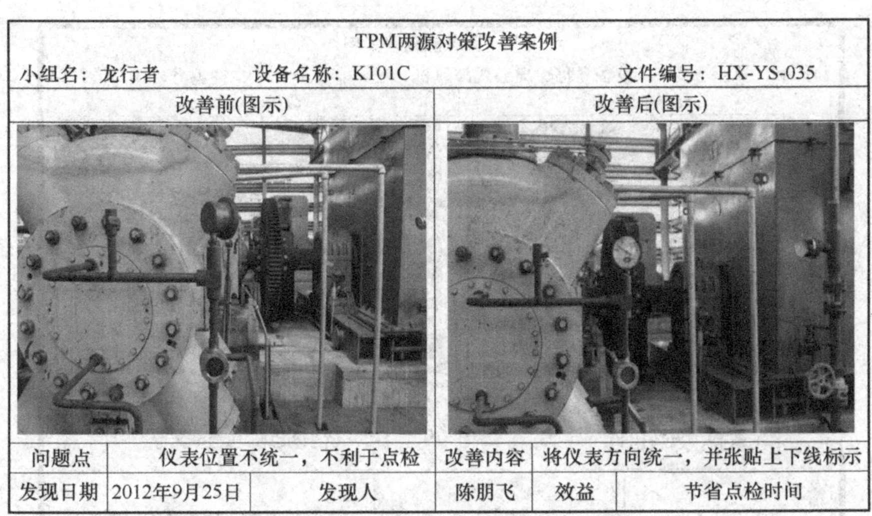

TPM两源对策改善案例					
小组名：龙行者	设备名称：K101C		文件编号：HX-YS-035		
改善前(图示)			改善后(图示)		
问题点	仪表位置不统一，不利于点检		改善内容	将仪表方向统一，并张贴上下线标示	
发现日期	2012年9月25日	发现人	陈朋飞	效益	节省点检时间

图6-6 两源对策改善案例（三）

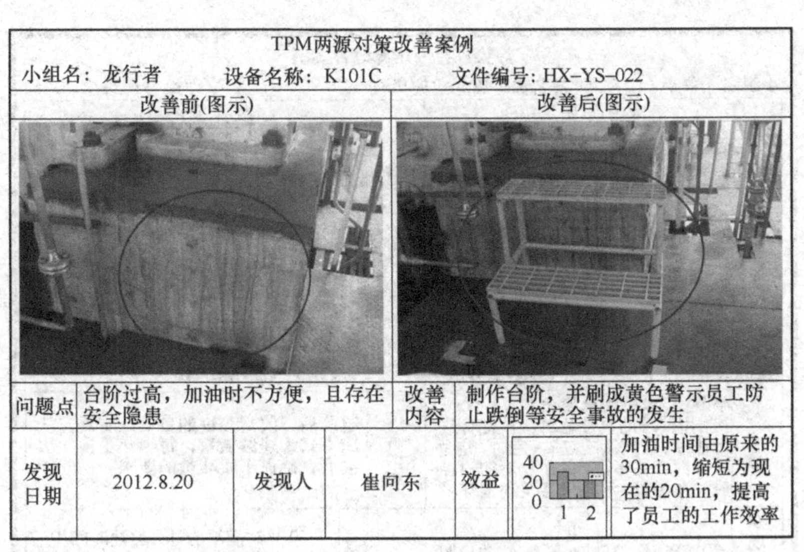

TPM两源对策改善案例						
小组名：龙行者	设备名称：K101C		文件编号：HX–YS–022			
改善前(图示)			改善后(图示)			
问题点	台阶过高，加油时不方便，且存在安全隐患		改善内容	制作台阶，并刷成黄色警示员工防止跌倒等安全事故的发生		
发现日期	2012.8.20	发现人	崔向东	效益	40 20 0 1 2	加油时间由原来的30min，缩短为现在的20min，提高了员工的工作效率

图6-7 两源对策改善案例（四）

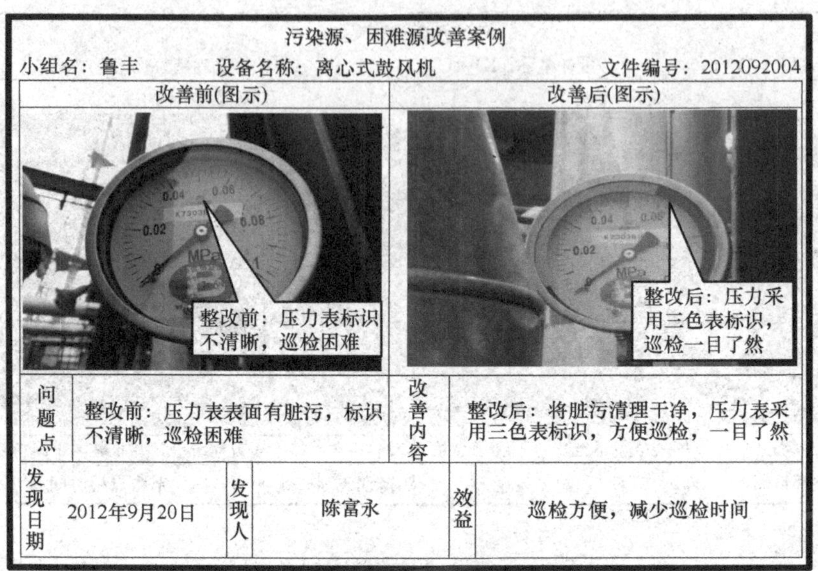

污染源、困难源改善案例

小组名：鲁丰　　设备名称：离心式鼓风机　　文件编号：2012092004

改善前(图示)			改善后(图示)	
问题点	整改前：压力表表面有脏污，标识不清晰，巡检困难		改善内容	整改后：将脏污清理干净，压力表采用三色表标识，方便巡检，一目了然
发现日期	2012年9月20日	发现人：陈富永	效益	巡检方便，减少巡检时间

图6-8　两源对策改善案例（五）

污染源、困难源改善案例

小组名：鲁丰　　设备名称：离心式鼓风机　　文件编号：201211105

改善前(图示)			改善后(图示)	
问题点	整改前：风机轴承加油方式每周一次，用传统的黄油枪对压注油杯进行注油，在润滑的定质、定时、定量的方面存在不足，存在过量加油，油质二次污染、污染机器及周围环境		改善内容	整改后：改用先进的自动注脂器，注脂方式为连续微量，每半年更换一次油囊，确保了质和量的要求
发现日期	2012年6月12日	发现人：刘昌明	效益	年可节约润滑脂2kg，加油时间由10min/次降为0min/次，年可节约加油时间470min

图6-9　两源对策改善案例（六）

第7章 自主保养步骤3：暂定基准

步骤3是根据步骤1、2的活动所得到的经验，并为了继续保持步骤1（初期清扫）清扫污物的合格水准及步骤2（发生源、困难源）的设备状态。而制定的清扫暂行基准，重新检讨给油与设备状态，找出不正常部位并加以改善。

在介绍步骤1、2的时候，已经谈到过标准的建立问题，那么，为什么又要把“暂定基准书的制定”特意分解出来，作为自主保养的一个步骤单独来开展呢？原因如下：针对设备的维护，虽然已经有了应对的方法——清扫、点检、加油，但这三个基本的方法只是维持设备正常运转的最低条件。当这些条件不能被遵守时，故障就可能随时到访。因此，完全遵守正确的标准是设备走向“零”故障的前提。为了达到这个目标，必须审视清扫、点检、加油基准的正确性以及被遵守程度，这样就引出了步骤3的活动目标。

7.1 暂定基准的推行方法

此阶段要将清扫、点检、加油的部位明确化，方法明确化，基准明确化，异常处理明确化，周期明确化，并设定好目标完成时间。

同时，要参照设备的相关资料（加油手册、润滑手册）将加油部位、油种、油量、加油工具、周期明确化，并设定好目标完成时间。

将清扫、点检、加油的暂定基准在现场实施，找出不合理之处，并加以改善。

将不恰当的地方或困难部位改善之后，为达成目标时间，可以把清扫、点检基准和加油基准合并成为一个基准，使清扫、加油、点检工作更加有效率。

7.2 暂定基准的活动目标

暂定基准的目标是保证防止设备劣化活动的基本条件——清扫、加油、锁紧螺钉的维持管理，自行制定在短时间内完成基本条件的基准及目视化管理。

将设备的点检、加油、清扫部位、内容、方法、周期、判定基准、花费时间、责任人制作成点检暂定基准书，以确保点检的效果和工作的规范化，减少因人员的调动、轮换和技术水平的参差不齐而出现点检、加油、清扫不当，造成设备强制劣化和设备故障的发生。

7.3 自主保养清扫、点检、加油暂定基准书的制作方法

7.3.1 清扫、点检暂定基准的制定方法

（1）统计清扫、点检基本资料，包括部位、内容、频度、基准、

方法、人员、时间、异常处理等，见表 7-1。

（2）这些资料可从使用说明书或图面资料及保养单位的讨论中获得。

表 7-1　清扫、点检基本资料收集表

序号	部位	内容	方法	基准	频度	人员	时间
1							
2							
3							
4							
5							

（3）整理清扫、点检顺序，计算前后两个点之间的时间。

（4）在设备布置图上标出清扫、点检点（不同频度用不同颜色）。

（5）拍摄清扫、点检部位，并用标注形式标明这些点，作出 MAP 图，如图 7-1 所示。

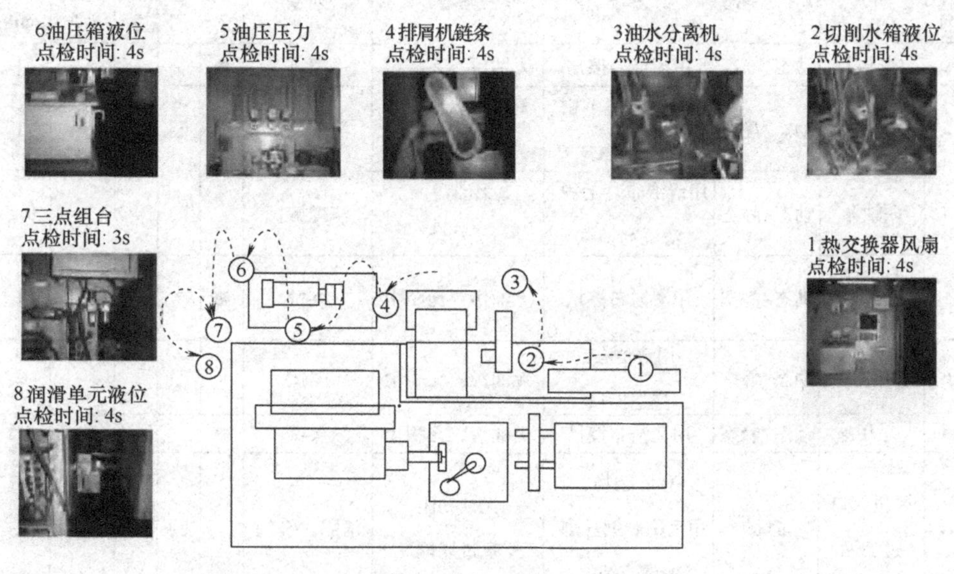

图 7-1　清扫、点检 MAP 图

7.3.2 清扫、点检暂定基准实施案例

清扫、点检暂定基准书见表7-2。

表7-2 清扫、点检暂定基准书

文件编号：

版本	文件名称	自主保养清扫基准	核准	审核	制作
1.0	设备名称	离心式鼓风机			

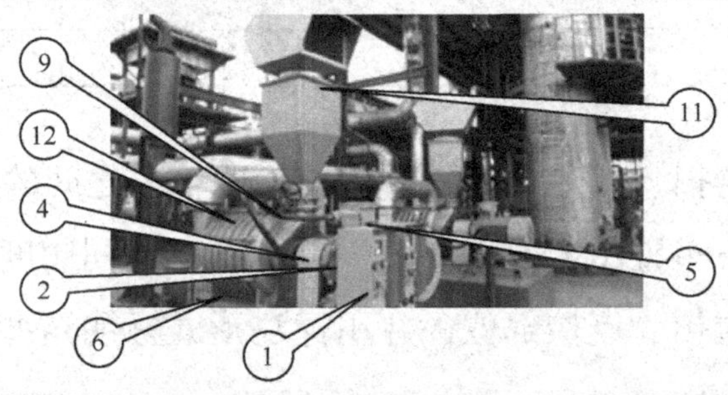

序号	部位	动态/静态	方法	基准	处置	周期				时间
						日	周	季	半年	/min
1	操作柱	动态/静态	用清洁布擦拭	无油污，无积尘	擦拭	●				1
2	电动机	动态/静态	用清洁布、毛刷、清洗剂擦拭	轴承位无油污、机体无积垢	清理擦拭		□			1
4	联轴器	动态/静态	用清洁布、毛刷、清洗剂擦拭	无油污，无杂物	清理擦拭		□			0.5
5	自动注脂器	动态/静态	用清洁布擦拭	无油污，无积尘	擦拭	●				1
6	机座	动态/静态	用清洁布、拖把擦拭	无油污，无积尘	擦拭		□			2
9	压力表	动态/静态	用清洁布擦拭	无油污，无积尘	擦拭	●				0.5
11	风机入口过滤网	静态	移除杂物，用毛刷、钢丝刷、清洁布擦拭	无杂物阻塞过滤网	清除、清扫		□			1
12	风机机体	动态/静态	用清洁布、毛刷、清洗剂擦拭	轴承位无油污，机体无积垢	清理擦拭		□			2

7.3.3 加油暂定基准的制定方法

（1）统计加油的基本资料，包括加油部位、油料种类、频度、加油基准、加油方法、加油人员、时间、异常处理等，见表7-3。

（2）这些资料可从使用说明书或图面资料及与设备保养部门的讨论中获得。

表7-3　加油基本资料收集表

序号	部位	油料种类	加油方法	加油基准	频度	人员	时间
1							
2							
3							
4							
5							

（3）整理加油顺序，计算前后两个加油点之间的时间。

（4）在设备布置图上，标写加油点（不同频度用不同颜色）。

（5）拍摄加油部位，并用标注形式标明加油点，制作出MAP图（见图7-2）。

7.3.4 加油暂定基准实施案例

加油暂定基准书见表7-4。

TMV-920加油点检顺序一览表(点检时间共花费54s)
1
热交换器风扇
点检时间：2s
2
强电箱风扇
点检时间：2s
3
三点组合压力
点检时间：2s
4
油压发动机
异常声音
点检时间
3s
5
油压冷却器风扇
点检时间：3s
油品：68号液压油
周期：1次/每周
6
油压箱液位
点检时间：5s
7
高压油箱液位
点检时间：4s
8
高压单元压力
点检时间：4s
9
油压压力
点检时间：3s
10
铁屑输送机链条
点检时间：2s
11
切削水箱液位
点检时间：2s
12
润滑单元液位
点检时间：3s
13
油水分离机
点检时间：3s
油品：62号滑道油
周期：1次/每天
2s
2s
2s
2s
1s
1s
2s
2s
2s
2s
2s

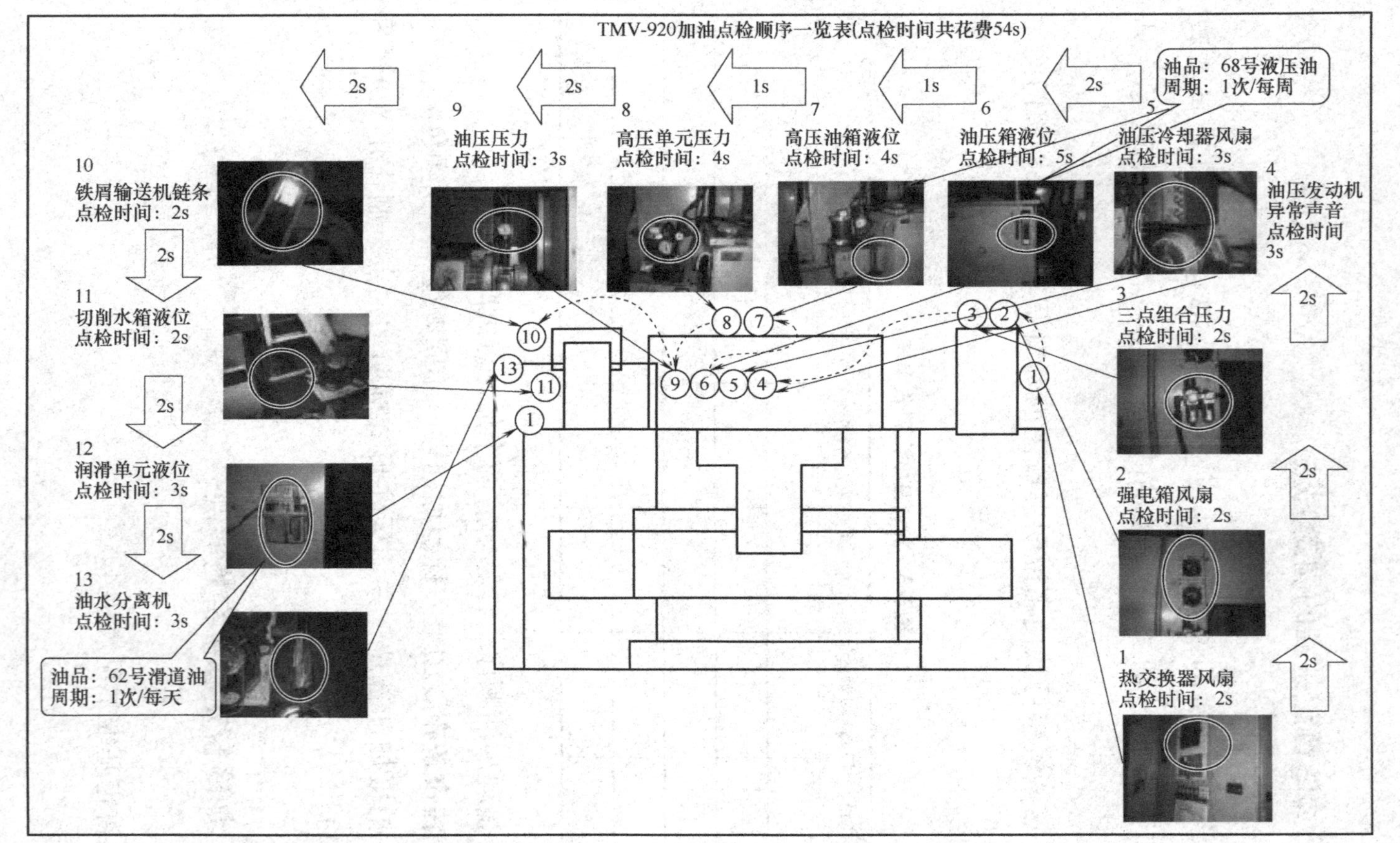

图 7-2　加油 MAP 图

表7-4 加油暂定基准书

文件编号：HX-YXB1-2012-013

版本	文件名称	自主保养加油暂定基准	核准	审核	制作
1.0	设备名称	减底泵 P1206B			
MAP 图					

序号	部位	动态/静态	方法	基准	处置	周期				时间/s	责任人
						日	周	2周	3月		
1	后轴承箱	动态	目测	1/2～2/3	用红色46#三级油壶添加		○			25	李刚
2	前轴承箱	动态	目测	1/2～2/3	用黄色32#三级油壶添加		○			25	张三
3	控制箱油杯	动态	目测	1/2～2/3	用黄色32#三级油壶添加		○			20	李武
4	电动机前轴承	动态	听诊器	适量	添加润滑脂				○	25	董华
5	电动机后轴承	动态	听诊器	适量	添加润滑脂				○	25	薛明

7.4 制定暂定基准的注意事项

思考并列举项目以外是否有遗漏，根据MAP图在现场实地核对。

（1）根据制作的给油暂定基准书和MAP图，到现场实地查看比对，检查润滑油配管系统：配管系统有没有堵塞？润滑油有没有确实送到管路末端？能不能可视化？

（2）查看给油配管长度（特别是黄油脂）。

（3）观察是否存在需要改善清扫、点检困难的地方。

（4）制定加油困难部位的列表与对策。

若发现清扫、点检、加油困难或耗时间，以及油被污染等，有很多不恰当之处，则必须一一予以改善。

7.5 自主保养暂定基准书相关案例

7.5.1 自主保养暂定基准书案例

在企业中实施的案例图片，如图7-3所示。

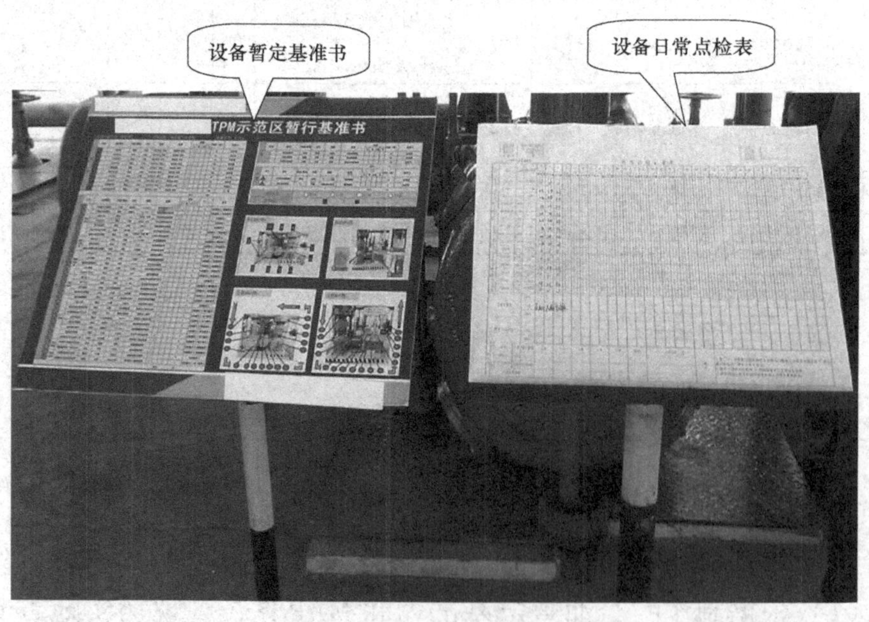

图7-3 暂定基准书及设备点检表实施案例

7.5.2 自主保养暂定基准书案例

自主保养暂定基准书的具体案例见表7-5。

表7-5 自主保养暂定基准书

文件编号：

版本	文件名称		自主保养暂定基准		年 月 日		
1.0	单位		设备名称		核准	审核	制作

时间：s/月

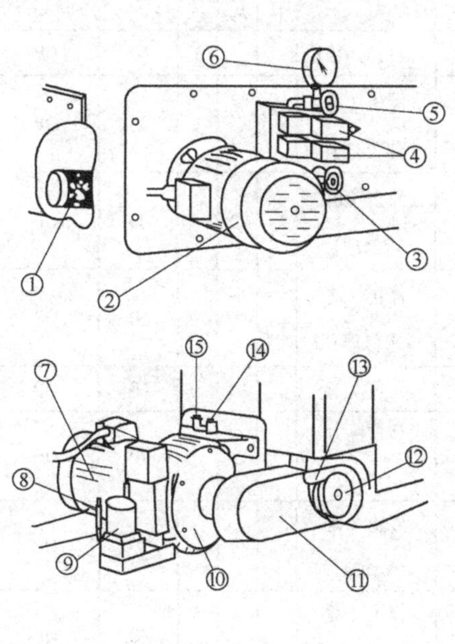

No.	名称	功能	备注
1	吸入侧滤网	除去废物、异物	
2	电动机	驱动泵网	0.75kW
3	压力控制阀	控制压力	
4	电磁线圈	改变油的流动方向	
5	压力表开关	防止压力表 承受脉动压力	
6	压力表	指示压力	
7	主电动机	提供机器运作的动力	3.7kW
8	油位计	变速机润滑油量指示	
9	导频电动机	驱动行星齿轮	
10	无段变速机	改变旋转比	
11	传动带覆盖	保护传动带	
12	带轮	传达动力	
13	传动带	传达动力	三角皮带 A=49
14	加油口	润滑油的加油口	
15	空气释放口	加油时释放掉 电动机内的空气	

（续）

	No.	清扫部位	方法	动/静	基准	工具/异常处理	周期			时间/s	负责人
							日	周	月		
清扫	1	油压单元本体	用抹布擦拭	动	没有脏污	抹布		○		20	OP
	2	主电动机本体	用抹布擦拭	动	没有脏污	抹布		○		5	OP

	No.	加油部位	方法	油品名称	动/静	基准	工具/异常处理	周期			时间/s	负责人
								日	周	月		
加油	◇1	油压蓄槽内的油量	目视	march32	静	油压计的绿色范围内	油泵			6	20	OP
	◇2	变速箱内的油量	目视	齿轮油	静	油压计的绿色范围内	油泵			6	20	OP

	No.	清扫部位	方法	动/静	基准	异常处理	周期			时间/s	负责人
							日	周	月		
点检	①	吸入侧滤网	目视	静	没有脏物	点检时清扫			3	60	OP
	②	电动机	听、触、嗅觉	动	没有异常（音、热、臭）	停止（请求修理）		○		30	OP
	③	压力控制阀	目视	动	维持在定压力操作	停止（请求修理）		○		30	OP
	④	电磁线圈	目视、触觉	静	砂轮可以顺畅地前后移动	停止（请求修理）		○		30	OP
	⑤	压力表开关	目视、触觉	动	可以关闭	更换		○		60	OP
	⑥	压力表	目视	动	在临界范围内	调整压力控制阀		○		10	OP
	⑦	主电动机	听、触、嗅觉	动	没有异常（音、热、臭）	停止（请求修理）		○		30	OP
	⑧	导频电动机	听、触、嗅觉	动	没有异常（音、热、臭）	停止（请求修理）		○		30	OP
	⑨	变速箱	听、触、嗅觉	动	没有异常（音、热、臭）	停止（请求修理）		○		15	OP
	⑩	皮带覆盖	目视、触觉	动	确认旋转方向及没有和皮带有带轮接触	调整			6	15	OP
	⑪	带轮	目视、触觉	动	没有龟裂、异常、磨耗	更换			6	60	OP

（续）

锁紧	△	机台各部螺钉	目视、触觉		无松动	调整锁紧		○			OP

符号区分：　清扫□　加油◇　锁紧△　点检○

颜色区分：　日　周　月

注：为了更好地进行目视化，在制作此基准时，对日、周、月可用不同的底纹颜色来区分所对应的序号。例如，黄色代表日，红色代表周，绿色代表月。

7.5.3 自主保养清扫暂定基准书格式

自主保养清扫暂定基准书的格式见表 7-6。

表 7-6　自主保养清扫暂定基准书

文件编号：

版本 1.0	文件名称	自主保养清扫暂定基准	核准	审核	制作
	设备名称				

目标总时间：　　实际总时间：

MAP 图

序号	部位	动态/静态	方法	基准	处置	周期				时间/s	担当
						日	周	2 周	月		

××有限公司

7.5.4 自主保养清扫查检表格式

自主保养清扫查检表的格式见表 7-7。

表 7-7 自主保养清扫查检表

文件编号：

<table>
<tr><td rowspan="2">版本 1.0</td><td>文件名称</td><td colspan="3">自主保养清扫查检表</td><td colspan="3" rowspan="2">TPM</td><td colspan="2">车间主任</td><td colspan="3">组长</td></tr>
<tr><td>设备名称</td><td colspan="3"></td><td colspan="2"></td><td colspan="3"></td></tr>
<tr><td rowspan="2">序号</td><td rowspan="2">部位</td><td rowspan="2">频度</td><td rowspan="2">基准</td><td rowspan="2">时间</td><td>/</td><td>/</td><td>/</td><td>/</td><td>/</td><td>/</td><td>/</td><td rowspan="2">执行人</td></tr>
<tr><td>一</td><td>二</td><td>三</td><td>四</td><td>五</td><td>六</td><td>日</td></tr>
<tr><td></td><td></td><td></td><td></td><td></td><td></td><td></td><td></td><td></td><td></td><td></td><td></td><td></td></tr>
<tr><td></td><td></td><td></td><td></td><td></td><td></td><td></td><td></td><td></td><td></td><td></td><td></td><td></td></tr>
<tr><td></td><td></td><td></td><td></td><td></td><td></td><td></td><td></td><td></td><td></td><td></td><td></td><td></td></tr>
<tr><td></td><td></td><td></td><td></td><td></td><td></td><td></td><td></td><td></td><td></td><td></td><td></td><td></td></tr>
<tr><td></td><td></td><td></td><td></td><td></td><td></td><td></td><td></td><td></td><td></td><td></td><td></td><td></td></tr>
<tr><td></td><td></td><td></td><td></td><td></td><td></td><td></td><td></td><td></td><td></td><td></td><td></td><td></td></tr>
<tr><td></td><td></td><td></td><td></td><td></td><td></td><td></td><td></td><td></td><td></td><td></td><td></td><td></td></tr>
<tr><td></td><td></td><td></td><td></td><td></td><td></td><td></td><td></td><td></td><td></td><td></td><td></td><td></td></tr>
<tr><td></td><td></td><td></td><td></td><td></td><td></td><td></td><td></td><td></td><td></td><td></td><td></td><td></td></tr>
<tr><td></td><td></td><td></td><td></td><td></td><td></td><td></td><td></td><td></td><td></td><td></td><td></td><td></td></tr>
</table>

异常提示：

××有限公司

7.5.5 自主保养加油暂定基准书格式

自主保养加油暂定基准书的格式见表 7-8。

7.5.6 自主保养加油查检表格式

自主保养加油查检表的格式见表 7-9。

表 7-8　自主保养加油暂定基准书

文件编号：

版本 1.0	文件名称	自主保养加油暂定基准	核准	审核	制作
	设备名称				

MAP 图　　目标总时间：　　　实际总时间：

序号	部位	动态/静态	方法	基准及油型号	处置	周期				时间/s	担当
						日	周	2 周	月		

× ×有限公司

表 7-9　自主保养加油查检表

文件编号：

版本 1.0	文件名称	自主保养加油查检表	TPM	车间主任	组长
	设备名称				

序号	部位	频度	基准	时间	/	/	/	/	/	/	/	执行人
					一	二	三	四	五	六	日	

异常提示：

× ×有限公司

7.5.7 自主保养暂定基准书格式

自主保养暂定基准书的格式见表 7-10。

表 7-10 自主保养暂定基准书表格

文件编号：

版本 1.0	文件名称	自主保养暂定基准	核准	审核	制作
	设备名称				

时间： s/月

1 照片

****设备外轮廓

副属设施A

副属设施8

2

3

4

5

6

	No.	部位	方法	动/静	基准	工具/异常处理	周期				时间/s	担当
清扫	1	油压本体	用抹布擦拭	动	没有脏污	抹布	日	周	2 周	月	20	OP
	4	* * *	* * *	*	* * *	* * *		○			5	OP
给油	3	油压蓄槽内的油	目视	静	油压计的绿色范围	油泵			○		15 +5	OP
	6	* * *	* * *	*	* * *	* * *		○			5	OP
点检	2	变速机	听、触、嗅觉	静	没有异常声音、烫手、有臭味	请求停止修理		○			15 +35	OP
	5	* * *	* * *	*	* * *	* * *				半年	3	OP

× ×有限公司

7.5.8 自主保养查检表格式

自主保养暂定基准书的格式，见表 7-11。

表 7-11　自主保养查检表

文件编号：

版本 1.0		文件名称	自主保养查检表			TPM			车间主任		组长		
		设备名称											
序号	性质	部位	频度	基准	时间	/ 一	/ 二	/ 三	/ 四	/ 五	/ 六	/ 日	执行人
1	清扫												
2	清扫												
3	点检												
4	加油												
5	清扫												
6	点检												
7	点检												
8	点检												
9	清扫												
10	加油												

异常提示：

××有限公司

7.5.9　设备点检记录表格式

在现场实施暂定基准书后，一定要留下相应的记录表单，即设备点检表。以下是自主保养设备点检记录表的格式，见表 7-12。

表 7-12　自主保养设备点检记录表

设备点检记录表

设备名称	新氢压缩机
设备型号	
设备位号	C202b
点检月	10月

√ 正常
△ 简单调整
× 故障待修
○ 故障修复

表号：HGSC-TPM-000001

NO		内容	方法	判定标准	1			2			3			4			5			6			7			8			9			10			11			12			13			14			15			16			17			18			19			20			21			22			23			24			25			26			27			28			29			30			31		
					早	中	晚	早	中	晚	早	中	晚	早	中	晚	早	中	晚	早	中	晚	早	中	晚	早	中	晚	早	中	晚	早	中	晚	早	中	晚	早	中	晚	早	中	晚	早	中	晚	早	中	晚	早	中	晚	早	中	晚	早	中	晚	早	中	晚	早	中	晚	早	中	晚	早	中	晚	早	中	晚	早	中	晚	早	中	晚	早	中	晚	早	中	晚	早	中	晚	早	中	晚	早	中	晚
时点检	1	氢压机排污	目视	无料液																																																																																										
时点检	2	润滑油压力	目视	0.1~0.3MPa																																																																																									
时点检	3	进气压力	目视	3kPa																																																																																											
时点检	4	排气压力	目视	0.2MPa																																																																																											
时点检	5	进气阀座温度	测温枪	≤60℃																																																																																										
时点检	6	排气阀座温度	测温枪	≤140℃																																																																																											
时点检	7	循环水压力	目视	0.1~0.4MPa																																																																																										
时点检	8	循环水温度	测温枪	≤45℃																																																																																											
时点检	9	电机罩温度	测温枪	≤85℃																																																																																											
时点检	10	控制箱电流指示	目视	≤250A																																																																																												
日点检	1	卧缸主体	目视	无灰尘、污迹																																																																																										
日点检	2	立缸主体	目视	无灰尘、污迹																																																																																											
日点检	3	进气连接管	目视	无灰尘																																																																																											
日点检	4	气缸声音	耳听	正常																																																																																											
日点检	5	基座台面	目视	无灰尘、污迹																																																																																											
日点检	6	卧缸视镜	目视	无油污																																																																																											
日点检	7	立缸视镜	目视	无油污																																																																																											
日点检	8	油质	目视	未乳化																																																																																											
日点检	9	氮封管	耳听	无泄漏																																																																																											
日点检	10	冷却水管	目视	无灰尘																																																																																										
日点检	11	冷却水管接口	目视	无渗漏																																																																																											
日点检	12	联轴器	目视	无灰尘																																																																																											
日点检	13	油管及油滤器	目视	无油污																																																																																										
日点检	14	油压远传及支架	目视	无油污、灰尘																																																																																											
日点检	15	排气温度远传	目视	无灰尘																																																																																										
日点检	16	电动机外壳	目视	无灰尘																																																																																											
日点检	17	电动机风扇	目视	无灰尘																																																																																											
日点检	18	电动机电源线	目视	无灰尘																																																																																											
日点检	19	电动机轴承声音	耳听	正常																																																																																											
日点检	20	控制箱	目视	无灰尘																																																																																											
日点检	21	控制箱开关	目视	显示正常																																																																																											
	点检人签字																																																																																																
	维修人员签字																																																																																																		

	NO	内容	方式	判定基准	1/W	2/W	3/W	4/W	5/W	抽检	异常处置
周点检	1	电动机地脚螺栓	目视	防松线 无移位							
周点检	2	电动机前后注油孔	目视	无杂物、油污							
周点检	3	电动机接地线是否良好	目视	螺钉无松动							
周点检	4	联轴器护板	目视	无松动							
周点检	5	联轴器护罩螺栓是否松动	目视	完好							
周点检	6	联轴器护罩卡子是否卡好	目视	卡好							
周点检	7	卧缸油视镜油位	目视	1/2~2/3							
	点检人签名栏										

备注

1.时、日、周点检由每班操作人员填写，维修人员每两天确认签字;周点检由维修责任机台负责填写

2.硫化机操作工遇到异常状况,立刻向维修人员及班组长反映

3.每月26日由设备组确认存档及报表更换

第8章

目视化管理在TPM活动中的运用

在日常活动中，人们是通过视觉、嗅觉、听觉、触觉、味觉这“五感”来感知事物的。其中，最常用的是视觉。据统计，人的意识的70%是从“视觉”的感知开始的。目视化管理就是通过视觉刺激，使人的意识产生变化，从而不知不觉地让人的行为随之改变的一种管理方法。在企业管理中，强调各种管理状态、管理方法清楚明了，达到“一目了然”，从而容易明白、易于遵守，让员工能自主性地完全理解、接受、执行各项工作。这就是人们所说的目视化管理。

企业实施目视化管理，其核心在于随时发现问题，并抓住最佳时机解决问题，而这就等于抓住了企业的发展机会。从小处、近处说，这可以确保机会利润不流失；从大处、远处说，这可以为企业做大、做强打下基础；制造业要达到精益化的管理，就是要重视现场、重视过程，随时发现现场过程中的问题，并将这些问题显现化，使所有管理者及员工能有效目视化。

设备目视化管理是企业推行TPM的重要一环。它可以形象、直观地使设备操作便捷化，减少误操作的发生；同时，又能迅速传达信息、提高生产效率，形象、直观地显现设备的潜在问题，减少浪费的发生。生产现场设备应用目视化管理，员工能尽快地熟悉工作，减少异常和问题的发生，并及时针对问题制定相应对策；管理人员一进入现场就能看出问题所在，可以及时下达指示或作出正确的处置。所以，目视化管理还是一种通过彻底贯彻信息共享进行管理的沟通语言。

8.1 目视化管理的定义

目视化管理也称可视化管理、看得见的管理、一目了然的管理、用眼睛来管理的方法，是一种以公开化和视觉显示为特征的管理方式，是指通过符号、线条，特别是色彩指明事物本来应当呈现的状态，使任何人都能很容易地看出状态是正常或异常的。这种管理方式可以贯穿于各个管理领域中。

目视化管理的主要表现为：

（1）采用标识、颜色等为基本手段，使人们都能看见。

（2）将隐蔽的、难以被注意的、异常的状况显现出来，使人们关注。

（3）以公开化、透明化为基本原则，尽可能地让人们看见管理者的要求和理念，借以推动自主管理、自主控制。

（4）员工也可将自己的建议、成果、感想展示出来，与领导、同事、工友相互交流。

8.2 目视化管理在TPM中的作用

目视化管理能够把现场潜在的大多数隐患显现化，变成任何人都能一目了然的事实。所以，它具有以下几方面作用：

1. 迅速、快捷地传递信息

目视化管理依据人的生理特性，充分利用信号灯、标识牌、符号、颜色等方式发出视觉信号，鲜明、准确地刺激神经末梢，从而快速传递信息。

2. 形象、直观地将潜在问题显现出来

目视化管理能将潜在问题形象、直观地显现出来。不论是新员工还是其他部门的员工，都能一看就懂，一看就明白问题所在。这是它的独到之处。

3. 客观、公正、透明化

要做的理由（Why）、工作内容（What）、担当者（Who）、工作场所（Where）、时间限制（When）、成本把握（How Much）、具体方法（How）这“5W2H”的内容一目了然，能够促进人们协调配合、公平竞争。

4. 促进企业文化的形成和建立

目视化管理通过开展员工合理化建议展示、优秀事迹和先进人物表彰、公开讨论栏、开设关怀温情专栏、公布企业的宗旨方向和远景规划等健康向上的活动，使全员形成较强的凝聚力和向心力，建立优秀的企业文化。

8.3 设备目视化管理 “三化”

1. 注意事项明显化

要正确使用管理看板，设置“设备保养计划日历”，即以日历的形式预先制定好设备定期检查、定期加油及大修的日程，并按日历要求实施，实施完成后做好实施记录和实施标记。日历内容要完整，至少要包括（但不限于）定期检查设备的名称、部位、润滑油的名称或性能要求、大修设备的名称和要求、各项工作的注意事项等。

2. 正确操作标准化

在设备操作方面，操作安全是极其重要的。在易出差错的地方要有明显的安全标志；重要的操作规程要以看板的形式挂在机器旁边或工人休息室，做到日日提醒、时时注意。

对设备故障的处理也要标准化。在设备台账中要对设备故障的产生原因、处理方法做好记录，一方面可为以后设备的保养、维修提供参考；另一方面可防止原有维修人员离职后将经验装在脑袋里全部带走。

3. 维护保养制度化

设备的维护保养制度化也是标准化的一种。

将制度张贴在现场，对设备，特别是重要设备的管理有很好的作用，可时时提醒操作员工按照制度规程对设备进行维护保养。

8.4 TPM 设备目视化管理在现场中的运用

（1）明示安全注意事项及区域位置，如图 8-1 所示。

（2）提示复杂、重要的操作程序，如图 8-2 所示。

（3）明示点检位置及项目的标识，如图 8-3 和图 8-4 所示。

（4）明示液体位置及正确流向标识，如图 8-5 所示。

（5）明示阀门的开启、闭合状态及转动方向标识，如图 8-6 所示。

图8-1 明示安全注意事项及区域位置

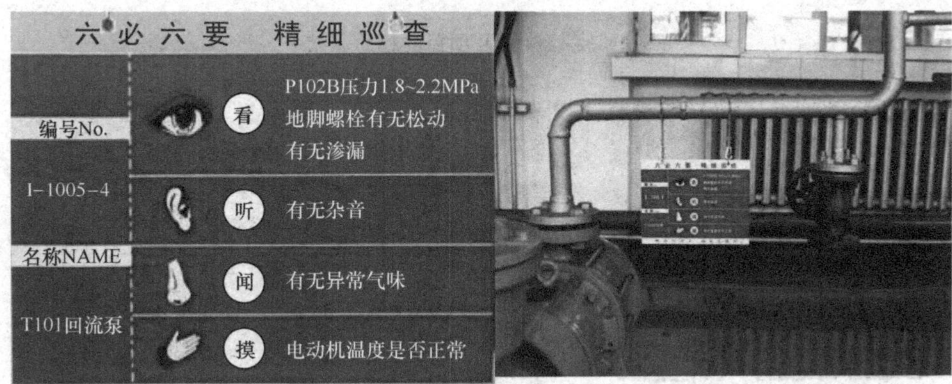

图8-2 提示复杂、重要的操作程序

图8-3 点检位置及项目的标识（一）

图8-4　点检位置及项目的标识（二）

图8-5　液体位置及正确流向标识

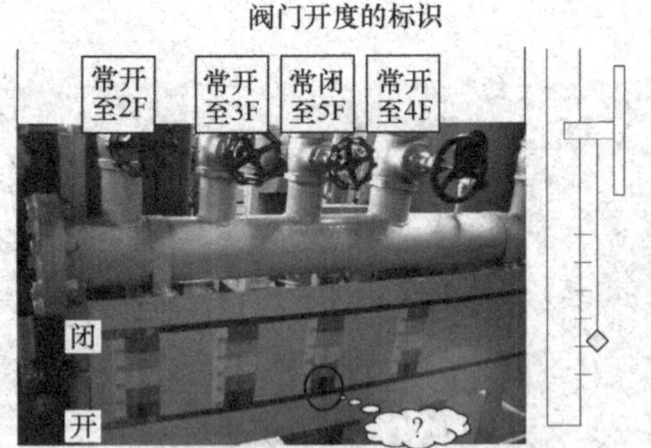

图8-6　阀门的开启、闭合状态及转动方向标识

（6）不同介质的管道分色管理，如图 8-7 所示。

图 8-7　不同介质的管道分色管理

8.5　TPM 目视化管理的三级水准

（1）目视化管理初级水准，见表 8-1。

表 8-1　目视化管理初级水准

水　准	目视化管理内容	参考案例（液体量的管理）
初级水准	管理范围及现状明了	通过安装透明管，液体量一目了然 150mL 100mL 50mL

（2）目视化管理中级水准，见表 8-2。

表 8-2　目视化管理中级水准

水准	目视化管理内容	参考案例（液体量的管理）
中级水准	管理范围及现状明了 管理范围及现状一目了然	明确上限、下限、投入范围、管理范围，现状正常与否一目了然 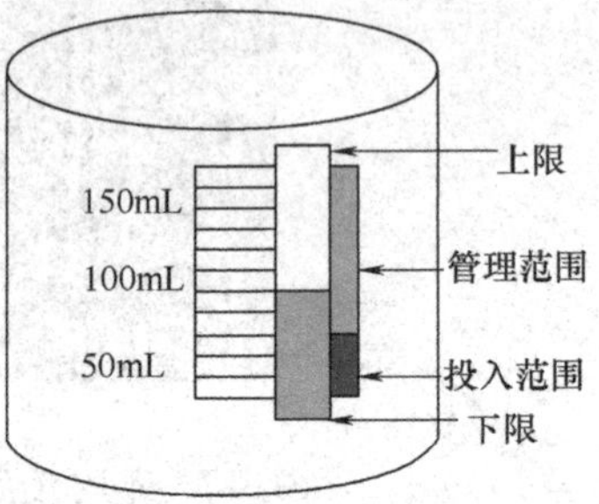

（3）目视化管理高级水准，见表 8-3。

表 8-3　目视化管理高级水准

水准	目视化管理内容	参考案例（液体量的管理）
高级水准	管理范围及现状明了 管理范围及现状一目了然 异常处置方法明确，异常管理装置化	异常处置方法、点检方法、清扫方法明确，异常管理装置化 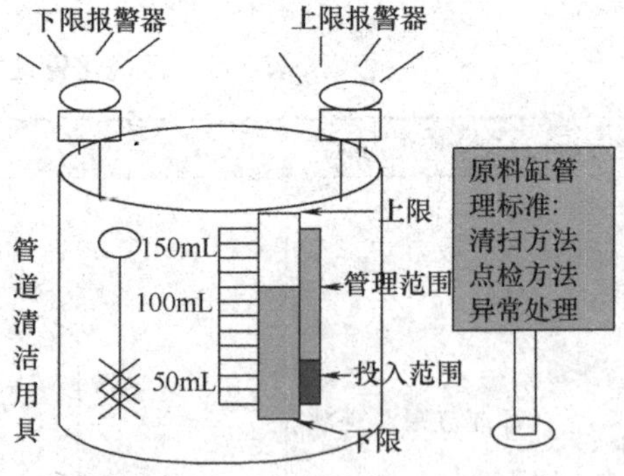

8.6　TPM 目视化管理的三大要求

（1）状态一目了然，能够判断是否正常。

（2）容易判断，精度高。

（3）实施方法（含异常处理）明确无误，无论由谁判断都会得到同样的结果。

8.7 企业 TPM 目视化管理实施案例

企业 TPM 目视化管理实施案例如图 8-8 ~ 图 8-13 所示。

图 8-8　螺栓松紧标识

图 8-9　设备周边的警示标识

图 8-10　电动机的转动方向标识

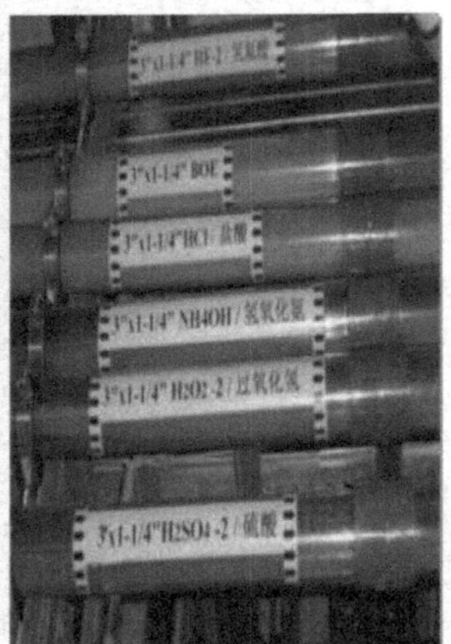

图 8-11　管道流向及介质标识

图 8-12　备品备件库目视化管理

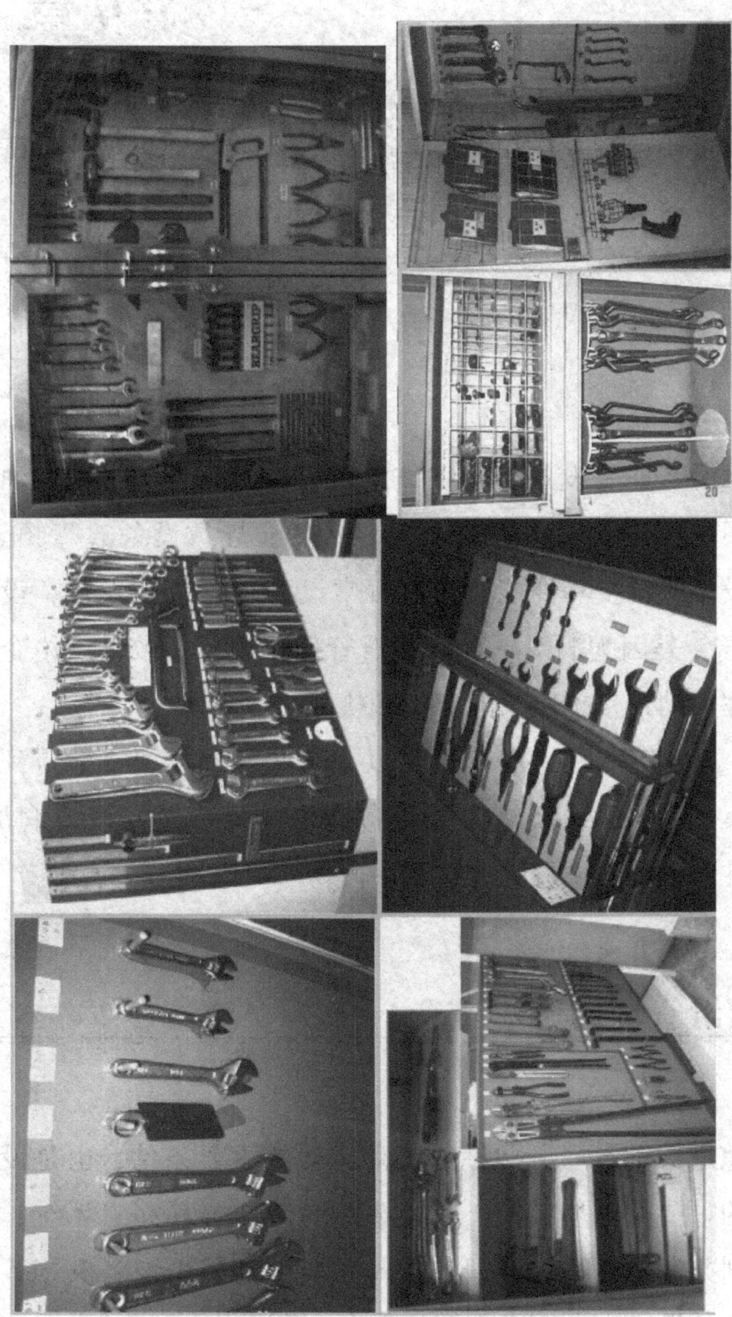

图 8-13　工具的定置目视化管理

第9章 润滑管理在TPM活动中的运用

设备润滑管理是设备维护工作的重要环节，设备缺油、油脂变质或设备使用的润滑材料不符合要求，必然会导致设备故障频繁出现，甚至破坏设备的精度和性能。通过日常设备维修统计发现，设备故障的60%～70%是因为润滑不良、润滑管理不规范所致，这给企业的日常设备管理活动带来了巨大的压力和挑战。

那么，有没有一种方法可以使以上这些问题从根本上得到彻底解决呢？答案是肯定的，就是实施设备润滑管理。做好设备润滑工作，是减少机件磨损、机械故障的重要手段。

9.1 润滑管理的基本概念

正确地进行设备润滑是设备正常运转的重要条件，也是设备维护保养工作的重要内容。只有合理地选择润滑装置和润滑系统、科学地使用润滑剂并做好油品的管理工作，才能做到减少设备磨损，降低动力消耗，延长设备寿命，保证设备安全运行。

归纳起来，润滑管理的目的是：保证设备正常运转，防止设备发生事故；减少机体磨损，延长使用寿命；减少摩擦阻力，降低动能消耗；节约用油，避免浪费；提高和保持生产效能、加工精度。

对于从事设备管理和担负设备维修和维护保养工作的维修工人和操作工人来说，应该具备一定的摩擦、磨损和润滑方面的基础知识，认真做好设备的润滑管理工作；要建立、健全润滑管理制度，认真贯彻执行“五定管理”和“三级过滤”（见 9.3.1 小节），切实做好润滑油品的储存、保管、发放、使用、废油回收和润滑油具的使用管理等项工作，不断提高润滑管理工作水平。

9.1.1　润滑的定义

润滑就是在发生相对运动的各种摩擦副的接触面之间加入润滑剂，从而使两个摩擦面之间形成润滑膜，将原来直接接触的干摩擦面分隔开来，变干摩擦为润滑剂分子间的摩擦，以达到减小摩擦、减低磨损、延长机械设备的使用寿命的目的。

9.1.2　润滑的原理及润滑剂的分类和作用

润滑的原理就是在摩擦副相互摩擦的表面之间加入某种润滑介质，用来改变摩擦副的状态，降低摩擦阻力、减缓磨损，以延长摩擦副的使用寿命。常用的润滑介质有润滑油和润滑脂。

润滑剂有液体、半固体、固体和气体四种形态，通常分别称为润滑油、润滑脂、固体润滑剂和气体润滑剂。

润滑剂的作用有润滑、冷却、冲洗、密封、减振、卸荷、保护等。

（1）润滑作用。改善摩擦状况、减少摩擦、防止磨损，同时还能减少动力消耗。

（2）冷却作用。摩擦时产生的热量，大部分被润滑油带走，少部分经过传导辐射直接散发出去。

（3）冲洗作用。磨损下来的碎屑可被润滑油带走，润滑剂的这种作用称为冲洗作用。冲洗作用的好坏对磨损影响很大。在摩擦面间形成的润滑油很薄，金属碎屑停留在摩擦面上会破坏油膜，形成干摩擦，造成磨粒磨损。

（4）密封作用。压缩机的缸壁与活塞之间的密封，就是借助于润滑油的密封作用。

（5）减振作用。摩擦件在油膜上运动，好像浮在"油枕"上一样，对设备的振动起一定的缓冲作用。

（6）卸荷作用。由于摩擦面之间有油膜存在，作用在摩擦面上的负荷就比较均匀地通过油膜分布在摩擦面上，油膜的这种作用称为卸荷作用。

（7）保护作用。可以防腐和防尘，起保护作用。

9.1.3 润滑管理的定义

润滑管理是指企业采用先进的管理方法，合理选择和使用润滑剂，采用正确的换油方法以保持机械摩擦副良好的润滑状态等的一系列管理措施。

润滑管理通常与主动维护一起被企业用来作为设备管理的方法。

9.2 如何进行润滑管理

设备的润滑管理对于设备的故障减少有很重要的作用。做好设备润滑管理工作，不仅要严格执行“五定管理”和“三级过滤”，而且要对设备采用一些先进、可靠的润滑设备，并适时更换变质润滑油，以提高润滑的可靠性和润滑效果。

9.2.1 润滑管理的思路

润滑管理的目的是：

（1）使合适的油品用在合适的场所，以发挥最大的作用。

（2）利用先进的状态监测手段，保证油品的作用得到充分发挥。

（3）为企业的发展提供机器设备润滑保障，以达到最大的经济目的。

因此，基本上可以从以下四个方面的思路进行润滑管理：

（1）具有专业的设备润滑管理机构和人员。

（2）企业中润滑设备的统计。

（3）油品仓储的管理。

（4）油品使用状态的检测。

9.2.2 油品的现场管理

（1）油品堆放的现场、润滑系统工作的现场要清洁，按照5S要求进行定置管理。

（2）工作设备的循环润滑回路现场标识。

（3）油品的放置库存要做到“先进先出”，如图9-1～图9-3所示。

图9-1　油品放置库存（一）

图9-2　油品放置库存（二）

图9-3　油品放置库存（三）

9.2.3 设备润滑管理组织形式

企业应该设置专门的润滑管理机构。一般来说，润滑管理一般由设备部门统一进行管理，其他部门协同合作，按分级管理方法组成管理体系，如图9-4所示。

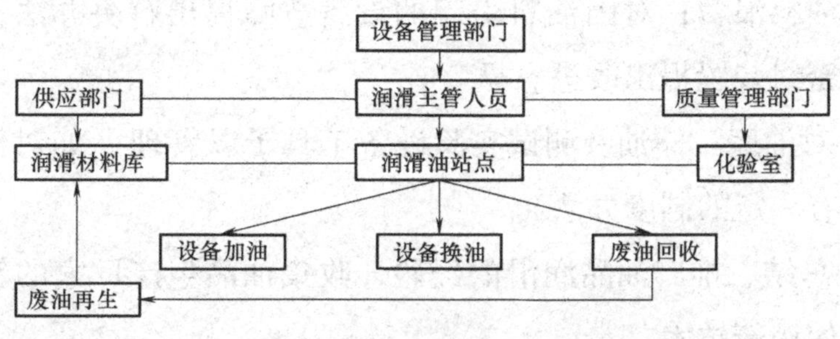

图9-4 设备润滑管理组织

润滑油管理机构的设置可根据企业的规模大小、生产特点和维修方式来确定。

9.2.4 设备润滑管理的八大任务

（1）建立与完善润滑管理的组织机构与人员的配备。在较大型的企业中设备较多，应在设备管理部门设立润滑技术管理组、设备润滑工程师，在车间设润滑技术员。此外，在润滑油油库、车间润滑站、中央实验室的油料实验，也应由专人管理，在车间的工段内应设润滑工。所有以上人员应经过培训熟悉业务才能上岗，并制定岗位责任制。

（2）加强润滑管理的基础工作。例如制定日常的消耗定额、油箱的储油定额、设备的换油周期、清洗换油工艺与各项交接、收发的制度，并针对各种型号的设备建立润滑卡片。

（3）建立油料质量检验与实验的办法制度。合理地选择用油，禁止发放不合格油品，对油品代用、掺配进行研究，提高润滑技术水平。

（4）对废油的回收、再生进行研究处理。对更换下来的废油，可以使用过滤机进行沉淀、过滤，进行回收处理，并检查合格后使用。

（5）对每台设备在一定时间内的润滑油消耗量进行计划管理。

（6）对设备进行中润滑油的质量作定时、定点的检测，治理漏油，消除油料浪费；对因油料引起的设备故障提出解决办法；对与润滑相关的密封装置提出改进意见。

（7）对油库、储油及测试实验设备工具予以管理（如对保管、使用、维护有一定的制度办法）。

（8）总结、推广油品润滑的经验，收集油品生产厂家的新油品信息，推广使用新技术。

9.3 润滑工作的实施

设备润滑工作的实施包含“五定管理”“三级过滤”，把日常润滑技术管理工作规范化、制度化，是做好设备润滑工作的有效方法。

9.3.1 润滑的“五定管理”和“三级过滤”

1. 定点

根据润滑图表上指定的部位、润滑点、检查点（油戳镜）进行加油、添油、换油，检查液面高度及供油状况。

2. 定质

确定润滑部位所需的油料品种、牌号及质量要求，所加油质必须经化验合格，润滑装置、器具完整清洁，防止污染油料。

3. 定量

按照规定对各润滑部位进行日常润滑，实行耗油定额管理，做好添油、加油和油箱的清洗换油工作。

4. 定期

按照润滑卡上规定的润滑周期进行加油，并按照规定的润滑周期进行抽样化验。

5. 定人

按照规定的分工，分别由操作工、维修工和润滑工负责加油、添油、清洗换油，并规定负责抽样送检的人员。

为了切实保证润滑油的清洁，应对润滑油进行必要的三级过滤，如图 9-5 所示。

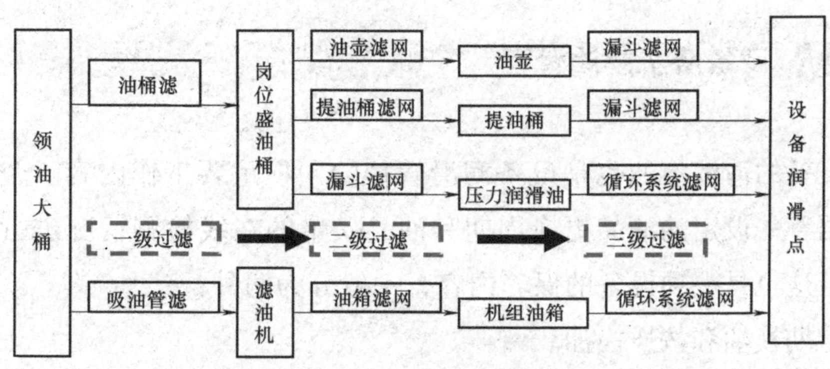

图 9-5 设备润滑三级过滤图

9.3.2 润滑工作的实施——设备润滑卡片的制作

润滑工作的实施离不开设备润滑卡片的设计制作。设备润滑卡片是进行润滑科学管理的重要措施，各企业的生产特点不同，卡片的内容也不尽相同，但润滑“五定”是比较好的一种操作格式，见表9-1。

表9-1 设备润滑卡片

设备名称			设备编号			型号规格			生产厂家			
润滑部位												
油品牌号												
加换油周期												
加换油量												
负责人												
润滑记录												
时间												
负责人												

注：对于表中润滑部位，如有润滑“五定”图，可用1、2、3等或A、B、C等代号表示。

企业实施设备润滑卡片的具体案例，见表9-2。

9.3.3 设备清洗换油管理

设备的清洗换油也是设备润滑管理的一项重要工作内容。企业可以根据事先设定的油品更换周期和油品质量的在线检测情况进行清洗更换。这也是一项设备的保养内容，一般分为两种：

定期换油和按质换油。

设备清洗换油工艺、流程如图9-6和图9-7所示。

表 9-2　设备润滑卡片案例

设备名称	OAK 翅片冲床	设备编号	
规格型号		使用单位	热交换车间

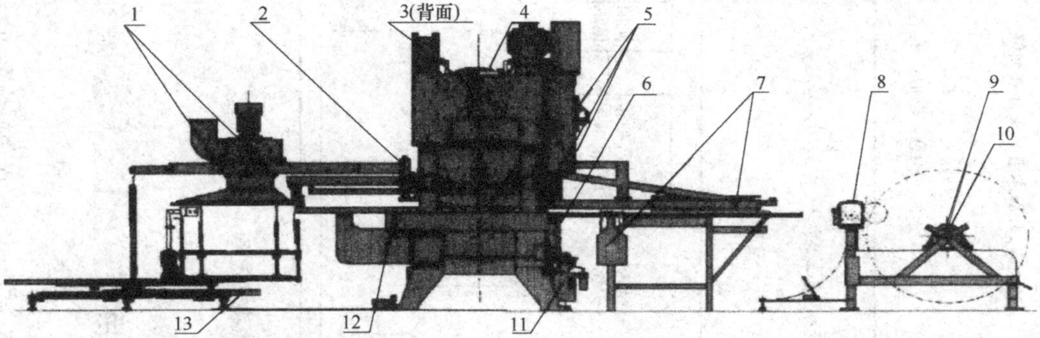

五定	定点			定期	定质	定量	定人	五定	定点			定期	定质	定量	定人
序号	润滑部位	方法	点数	润滑周期	润滑剂	加入量	润滑工	序号	润滑部位	方法	点数	润滑周期	润滑剂	加入量	润滑工
1	轴承	干油枪	4	每周	2#锂基脂	注入	操作工	8	轴承	干油枪	2	每周	2#锂基脂	注入	操作工
2	轴套	干油枪	4	每周	2#锂基脂	注入	操作工	9	轴承	干油枪	2	每周	2#锂基脂	注入	操作工
3	润滑油箱	油壶	1	每日	雾化油 10	注入	操作工	10	轴承	干油枪	3 槽	每月	2#锂基脂	注入	操作工
4	润滑站	小桶	1	补油 1 次/月 换油 1 次/年	美孚齿轮油 GX-90	4L	机修工	11	液压站	油壶	1	补油 1 次/月 换油 1 次/年	无灰抗磨液压油 L-KM46#	50kg	机修工
5	轴承轴套	干油枪	4	每周	2#锂基脂	注入	操作工								
6	油脂系	填入	1	每月	2#锂基脂	3/4	操作工	12	轴承	干油枪	5	每周	2#锂基脂	注入	操作工
7	冲剪模	油池	1 套	每班	按工艺要求	抽入	操作工	13	油盒	油壶	1	每周	机械油 32#	注入	操作工

编制：　　审核：　　批准：　　时间：

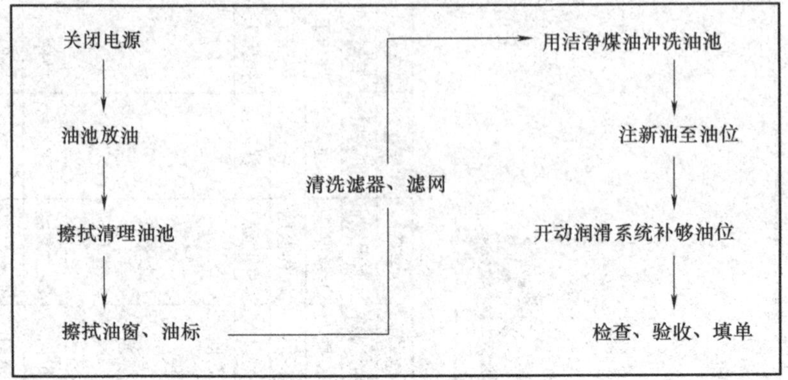

图 9-6　设备清洗换油工艺

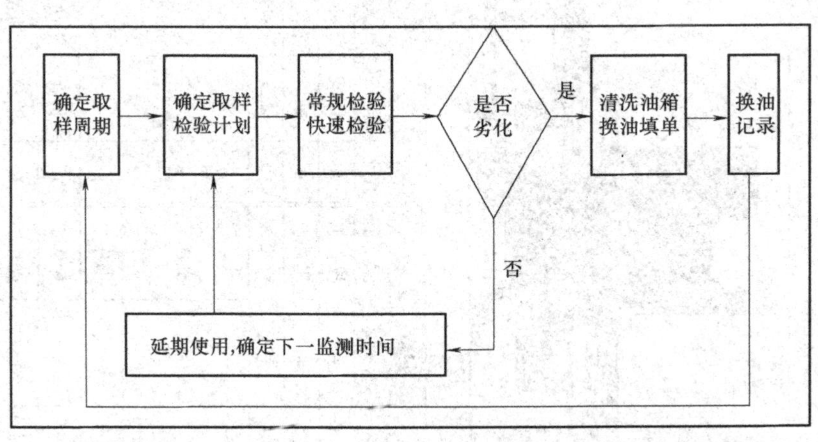

图 9-7　设备清洗换油流程

9.3.4　润滑油油品检测及分析项目

对于常规设备，通常 3 ~6 个月分析一次；关键设备采用在线监测，通常采用油液分析、振动分析等工业常见手段。

在用液压油的简单检测包括黏度、铜片腐蚀、酸值、清洁度四项内容，如图 9-8 所示。

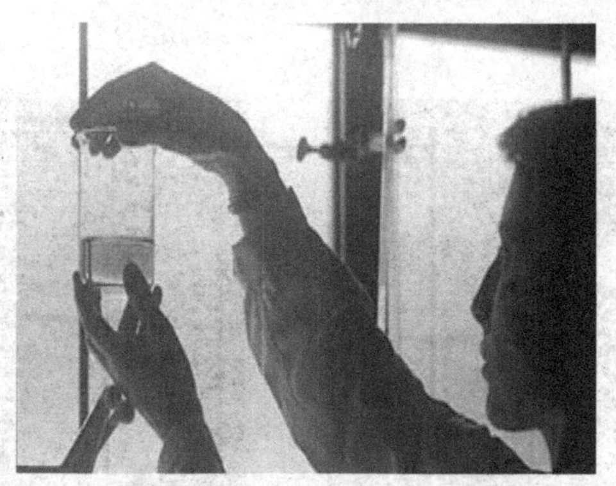

图 9-8　液压油检测

9.4　企业设备润滑油管理站实施案例

企业润滑油管理站的实施案例，包含油品库房的标识、油品及加油三级过滤器具的“三定”。“三点一色”管理以及油品润滑管理制度的建立等，如图 9-9 ~ 图 9-13 所示。“三定”是指定点、定容、定量。“三点一色”是指储油点、油壶点、加油点为同一颜色，以确保加油人员不会加错油。

图 9-9　润滑油站实施案例（一）

图 9-10　润滑油站实施案例（二）

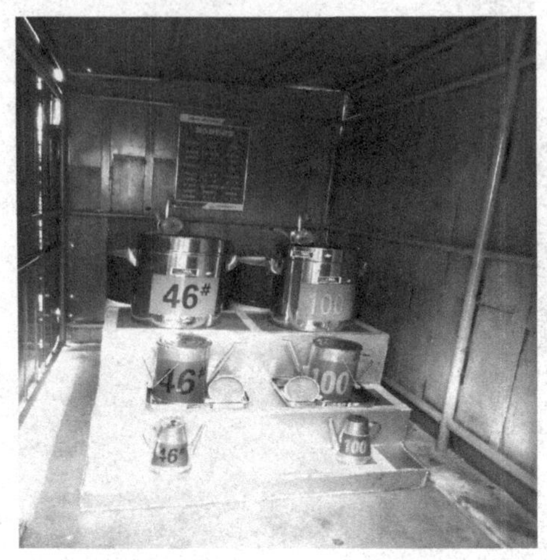

图9-11　润滑油站实施案例（三）

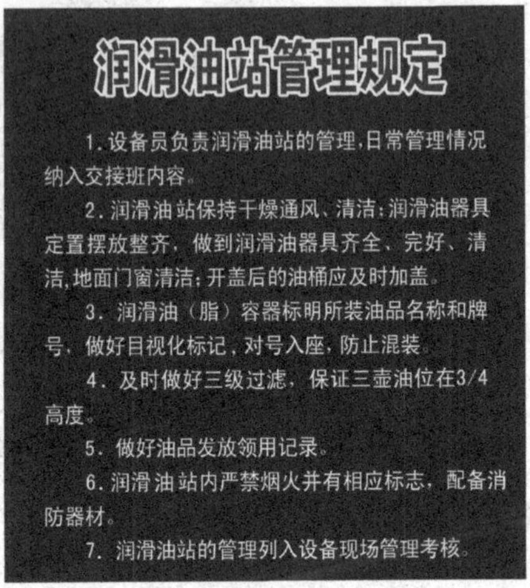

润滑油站管理规定

1. 设备员负责润滑油站的管理，日常管理情况纳入交接班内容。

2. 润滑油站保持干燥通风、清洁；润滑油器具定置摆放整齐，做到润滑油器具齐全、完好、清洁，地面门窗清洁；开盖后的油桶应及时加盖。

3. 润滑油（脂）容器标明所装油品名称和牌号，做好目视化标记，对号入座，防止混装。

4. 及时做好三级过滤，保证三壶油位在3/4高度。

5. 做好油品发放领用记录。

6. 润滑油站内严禁烟火并有相应标志，配备消防器材。

7. 润滑油站的管理列入设备现场管理考核。

图9-12　滑润油站管理规定

润滑剂	颜色
N46低凝液压油	
T68抗磨液压油	
N150工业齿轮油	
液力传动油	
2号锂基脂	
高温润滑脂	

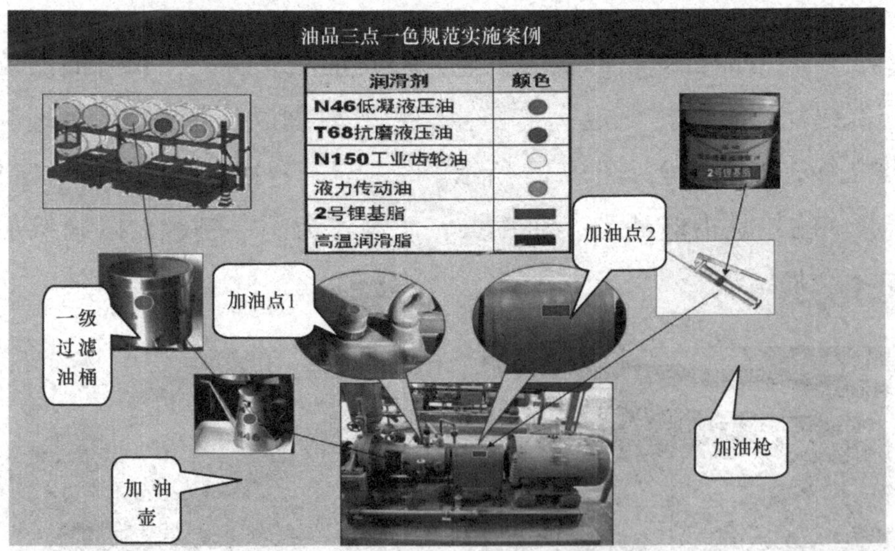

图9-13　油品“三点一色”规范实施案例

第10章 TPM活动效果评价

10.1 TPM 活动效果评价指标

“科学管理之父”泰勒（Frederick W. Taylor）说过，一个没有评价的体系是很难进步的。设备管理要进步，其 TPM 活动水平也需要进行评价。TPM 活动通过对现行状态的评价，找出问题和不足，制定改善措施，建立标准化体系，从而使设备状态不断改进。

在推行 TPM 时，要切实把握企业的现状，正确制定各个管理项目与管理指标，并长期进行跟踪。否则，如果员工看不到改善活动的成果，就会失去积极参与的动力；企业领导看不到活动的成果，TPM 就得不到持续的支持。因此，有效评价这些改善效果是非常重要的一环。

在企业中，用于评价设备管理的指标很多。例如，设备的完好率、设备的可用率、设备综合效率（OEE）、设备完全有效生产率（TEEP）、设备故障率、平均故障间隔时间（MTBF），平均修理时间（MTTR）、设备备件库存周转率、维修费用、检修质量一次合格率等。不同的指标用于评价不同的管理方面。

10.2 TPM 活动效果评价标准

TPM 活动的开展效果有没有达到预期，最终也要落实到各项指标的评价与阶段考核，以下是活动效果评价的各项检查标准。

10.2.1 TPM 示范小组的检查标准

作为 TPM 小组活动，首先最重要的应该对每个示范小组的 TPM 开展的过程、情况定期进行检查，以此保证 TPM 活动最终取得理想的结果，见表 10-1。

表 10-1 示范小组的检查标准

序号	项目	检查项目	检查标准	分值	标准分值等级	标准分值等级对应现场情况
1	TPM 活动开展	活动过程记录类	活动过程照片、任务分配表、安全注意事项	10 分	很差 2	无活动过程照片、任务分配表、安全注意事项
					差 4	仅有活动过程照片、无任务分配表和安全注意事项
					一般 6	无活动过程照片、仅有任务分配表和安全注意事项
					好 8	有活动过程照片、任务分配表和安全注意事项
					很好 10	有活动过程照片、任务分配表和安全注意事项，安排得非常详细，且与现场实施情况相符

（续）

序号	项目	检查项目	检查标准	分值	标准分值等级	标准分值等级对应现场情况
1	TPM活动开展	清扫工具类	工具清单记录完整，有自制工具，现场清扫工具准备充分	10分	很差2	工具清单记录不完整，没有自制工具，现场清扫工具准备不充分
					差4	工具清单记录不完整，自制工具很少，现场清扫工具准备不充分
					一般6	工具清单记录不完整，自制工具一般，现场清扫工具准备一般
					好8	工具清单记录较完整，自制工具较好，现场清扫工具准备较充分
					很好10	工具清单记录完整，有自制工具且能满足活动设备要求，现场清扫工具准备充分
		不具合点类	不具合点清单记录完整，不具合点数及不具合点改善数达到项目要求，无法立刻改善的项目现场挂有F标签	10分	很差2	不具合点清单记录不完整，不具合点数及不具合点改善数只达到项目要求的40%，无法立刻改善的项目现场没有挂F标签
					差4	不具合点清单记录基本完整，不具合点数及不具合点改善数只达到项目要求的60%，无法立刻改善的项目现场仅有1/3挂F标签
					一般6	不具合点清单记录基本完整，不具合点数及不具合点改善数达到项目要求的70%，无法立刻改善的项目现场仅有2/3挂F标签
					好8	不具合点清单记录较完整，不具合点数及不具合点改善数达到项目要求的90%，无法立刻改善的项目现场已全部挂F标签

（续）

序号	项目	检查项目	检查标准	分值	标准分值等级	标准分值等级对应现场情况
1	TPM 活动开展	不具合点类	不具合点清单记录完整，不具合点数及不具合点改善数达到项目要求，无法立刻改善的项目现场挂有 F 标签	10 分	很好 10	不具合点清单记录很完整，不具合点数及不具合点改善数达到项目要求的 100%，无法立刻改善的项目现场已全部挂 F 标签
		每月计划、总结汇报等相关材料	按格式要求整理材料，按时间上交材料	10 分	很差 2	没有按格式要求整理材料，且没有准时上交材料
					差 4	没有按格式要求整理材料，按时上交材料，但材料质量较差
					一般 6	有按格式要求整理材料和按时上交材料，但材料符合度一般
					好 8	有按格式要求整理材料和按时上交材料，且材料符合度较好
					很好 10	有按格式要求整理材料和按时上交材料，且材料符合度很好
2	TPM 设备	TPM 设备维护	设备有损坏或松动的及时维修，日常维护按规定执行	20 分	很差 4	设备有损坏或松动的没有及时维修，日常维护按规定执行很差，设备强制劣化严重
					差 8	设备有损坏或松动的维修不及时，日常维护按规定执行差，设备存在强制劣化点较多
					一般 12	设备有损坏或松动的基本能及时维修，但日常维护按规定执行一般，设备存在强制劣化点较少

（续）

序号	项目	检查项目	检查标准	分值	标准分值等级	标准分值等级对应现场情况
2	TPM设备	TPM设备维护	设备有损坏或松动的及时维修，日常维护按规定执行		好16	设备有损坏或松动的能及时维修，日常维护按规定执行较好，设备基本不存在强制劣化点
					很好20	设备有损坏或松动的能及时维修，日常维护按规定执行很好，设备强制劣化已得到改善、消除
		TPM设备清洁	设备及其邻近范围内的尘埃、油渍、水渍、碎屑及废料等及时处理	20分	很差4	设备及其邻近范围内的尘埃、油渍、水渍、碎屑及废料等没有及时处理
					差8	设备及其邻近范围内的尘埃、油渍、水渍、碎屑及废料等有处理但处理得较差，设备及周边依旧较脏，有油渍
					一般12	设备及其邻近范围内的尘埃、油渍、水渍、碎屑及废料等有及时处理且处理得较好，设备及周边较干净
					好16	设备及其邻近范围内的尘埃、油渍、水渍、碎屑及废料等有及时处理且处理得较好，设备及周边维持较好
					很好20	设备及其邻近范围内的尘埃、油渍、水渍、碎屑及废料等有及时处理且处理得很好，设备及周边维持很好

（续）

序号	项目	检查项目	检查标准	分值	标准分值等级	标准分值等级对应现场情况
3	TPM宣传看板	资料完善	按自主保养、计划保养、个别改善看板栏目标准格式发布内容，且各栏目内容齐全	5分	很差1	没有按自主保养、计划保养、个别改善看板栏目标准格式发布内容，但各栏目内容不全
					差2	有按自主保养、计划保养、个别改善看板栏目标准格式发布内容，但各栏目内容不齐全
					一般3	有按自主保养、计划保养、个别改善看板栏目标准格式发布内容，但各栏目内容一般
					好4	有按自主保养、计划保养、个别改善看板栏目标准格式发布内容，且各栏目内容较好
					很好5	有按自主保养、计划保养、个别改善看板栏目标准格式发布内容，且各栏目内容很充分、很齐全
		内容更新	按自主保养、计划保养、个别改善看板栏目及时更新内容	5分	很差1	没有按自主保养、计划保养、个别改善看板栏目及时更新内容
					差2	按自主保养、计划保养、个别改善看板栏目来更新内容，但2/3的内容不是最新的
					一般3	按自主保养、计划保养、个别改善看板栏目来更新内容，只有1/2的内容不是最新的
					好4	按自主保养、计划保养、个别改善看板栏目来更新内容，内容的2/3是最新的

（续）

序号	项目	检查项目	检查标准	分值	标准分值等级	标准分值等级对应现场情况
3	TPM宣传看板	内容更新	按自主保养、计划保养、个别改善看板栏目及时更新内容	5分	很好5	按自主保养、计划保养、个别改善看板栏目来更新内容，内容全是最新的
4	TPM培训	培训教材	根据顾问老师、企业下发的教材，结合部门活动开展制作培训教材	5分	很差1	没有根据顾问老师、企业下发的教材，没有结合部门活动开展制作培训教材
					差2	有根据顾问老师、企业下发的教材，但没有结合部门活动开展制作培训教材
					一般3	有根据顾问老师、企业下发的教材，但结合部门活动开展制作培训教材一般
					好4	有根据顾问老师、企业下发的教材，且结合部门活动开展制作培训教材较好
					很好5	有根据顾问老师、企业下发的教材，且结合部门活动开展制作培训教材很好
		培训记录	培训签到表和培训过程照片	5分	很差1	没有培训签到表和培训过程照片
					差2	有培训签到表但没有培训过程照片
					一般3	有培训签到表和有培训过程照片，但签到表上人数与要求不符
					好4	有培训签到表和有培训过程照片，且签到表上人数与要求基本相符

（续）

序号	项目	检查项目	检查标准	分值	标准分值等级	标准分值等级对应现场情况
4	TPM培训	培训记录	培训签到表和培训过程照片	5分	很好5	有培训签到表和有培训过程照片，并且有考试记录
说明	（1）评分梯度：分值为5分的，评分为1分一个梯度；分值为10分的，评分为2分一个梯度；分值为20分的，评分为4分一个梯度 （2）评分等级：很好、好、一般、差、很差 （3）评分尺度标准：根据检查组人员的尺度评分，评分低于正常值时要求必须跟责任人当面沟通，指出问题、纠正思想、改进方法等					

10.2.2 TPM活动现场效果的评价标准

TPM活动的最终目的是通过改变设备、改变人，最终改变现场及企业体质。所以，推行TPM活动后，效果的最终体现还是在现场设备及周边环境的改变，这是硬道理，因此，项目结案时，现场评价主要从TPM活动开展、设备5S及目视化、设备维护保养状况、改善案例有效性、油品管理五个维度进行打分评价，见表10-2。

表10-2　活动现场的评价标准

评审要点	评核项目与标准	分值	得分			
			A组	B组	C组	D组
TPM活动开展	现场展示板资料是否齐全，是否更新到位	5分				
	OPL制作是否简单易懂，是否具有代表性，是否有培训、转训记录	5分				
	现场OEE资料是否完整、清晰	5分				

（续）

评审要点	评核项目与标准	分值	得分			
			A组	B组	C组	D组
设备5S及目视化	设备本体及周边环境5S是否维持良好	10分				
	现场是否有跑、冒、滴、漏现象	5分				
	物品、工具是否按标准、规定放置	5分				
	仪表、电器使用、加油口、油位是否用颜色管理并清晰、可目视化	5分				
	螺栓螺母、管道流向和电动机旋转方向是否有用颜色管理并清晰、可目视化	5分				
设备维护保养	暂定基准书是否按标准制定、审核，粘贴在现场	10分				
	是否制定设备点检表及保养记录表，并在现场开始实施，有相应的记录	10分				
	设备日常清扫、点检、加油是否达到暂定基准书的标准	10分				
改善案例	改善案例是否彻底对污染源、困难源进行改善，且具有有效性	10分				
	设备整体的改善目标（OEE、故障次数、点检时间）是否达成	10分				
油品管理	油品库是否实施整理、整顿，三级过滤，并有相应的管理制度及作业指导书	5分				
总分	（注：非填项，由统计人员填写）	100分				

10.2.3 TPM活动成果发表的评价标准

为了将TPM活动开展过程及成果很好地记录和体现，TPM每个阶段的活动效果评价，除了对小组和现场作有效评价考核之外，结案时，每个示范小组还要向评委老师展示其成果PPT报告。以下是针对成果发表PPT报告的评价标准，见表10-3。

表10-3　TPM活动成果发表的评价标准

序号	评价要点	分值	评价项目与标准
1	目标设定	8~10分	目标设定合理，具有较高的挑战性
		5~7分	目标设定合理，具有一定的挑战性
		3~4分	目标设定合理，但没有挑战性
		0~2分	目标设定不合理，没有挑战性
2	TPM推进情况	16~20分	初期清扫实施彻底，不具合点整改达90%以上，已进行两源对策分析，并制订改善方案，改善部分已实施，基准值调查完整、真实
		11~15分	初期清扫实施彻底，不具合点整改达90%以上，已进行两源对策分析，并制订改善方案，改善未开始实施，基准值调查较为完整且真实
		6~10分	初期清扫实施彻底，不具合点整改在70%~80%，未进行两源对策分析及改善，基准值调查部分不完整，但真实
		0~5分	初期清扫实施不彻底，不具合点整改在70%以下，未进行两源对策分析及改善，基准值调查部分不完整，真实性较差
3	复原及改善案例	16~20分	复原改善案例类型在三种以上，且具有代表性，复原改善案例对比显著
		11~15分	复原改善案例的类型单一，但具有代表性，复原改善案例对比显著
		6~10分	复原改善案例的类型单一，复原改善案例对比不明显，不具有代表性
		0~5分	无改善案例展示
4	创新分享	8~10分	有分享创新点，可在全公司内全面推广
		5~7分	有分享创新点，有一定的借鉴作用
		3~4分	有分享创新点，但无借鉴意义
		0~2分	无创新点分享
5	方案展现	16~20分	能熟练运用模板样式制作汇报材料，且中心突出、结构严谨、层次分明，整体过程熟练运用课堂知识，并有相应的创新；方案展示简洁、美观，便于理解

（续）

序号	评价要点	分值	评价项目与标准
5	方案展现	11～15分	能运用模板样式制作汇报材料，且中心突出、结构严谨、层次分明，整体过程熟练运用课堂知识；方案相对简洁、美观，便于理解
		6～10分	基本能套用模板样式制造汇报材料，层次较为分明
		0～5分	未套用标准模板，思路紊乱，方案展示内容与课题要点不符
6	汇报人员表达能力	8～10分	汇报人熟悉汇报材料，神情自然，语言表达流畅、严谨、有条理
		5～7分	汇报人了解汇报材料，神情自然，语言表达较为流畅、有条理
		3～4分	汇报人对汇报材料有一定的了解，神情较紧张，语言表达不够流畅
		0～2分	汇报人不了解汇报材料，神情紧张，语言表达不连贯，无法正确表达小组观点
7	时间控制	8～10分	汇报时无抢时或故意拖延时间等现象，汇报流畅，整体时间把控好，时间控制在9～10min
		5～7分	汇报时无抢时或故意拖延时间等现象，汇报较流畅，整体时间控制在8～9min
		3～4分	汇报时有抢时或故意拖延时间等现象，整体时间控制不顺畅，时间控制在8～10min
		0～2分	汇报时间不足5min；或汇报时间超出时间3min以上，其他成员补充时间超出2min

10.2.4 TPM活动项目绩效管理制度

1　目的

为深化TPM项目推进管理，贯彻实施“全员参与，提高效率；争优创先，舍我其谁”的项目宗旨，加强对TPM项目推进工作的绩效管理，达到鼓励先进、鞭策后进，充分调动广大员工的工作积极性、主观能动性的目的，特制定本制度。

2　适用范围

本制度适用于企业 TPM 活动的过程绩效管理和月度评价。

3　相关文件

《TPM 项目现场检查表》《TPM 项目考核、奖励条款明细表》。

4　职责

TPM 项目组成立绩效管理委员会，由主任委员、副主任委员、顾问师、小组成员构成。

4.1　TPM 项目绩效管理委员会

4.1.1　全面领导、推动、实施 TPM 项目的绩效管理工作，以确保取得实效。

4.1.2　建立考核体系，并根据项目实际，持续改进、完善绩效考核。

4.1.3　负责接受、处理 TPM 项目组成员关于绩效考核工作的申诉。

4.2　主任委员

4.2.1　全面负责 TPM 项目绩效管理委员会的绩效管理工作。

4.2.2　督促、纠偏、指导绩效管理委员会的工作。

4.2.3　批准 TPM 项目完成的人员绩效考核奖励结果。

4.3　副主任委员

4.3.1　在主任委员的带领下，组织实施绩效考核工作。

4.3.2　督促、纠偏、指导绩效管理委员会的工作。

4.3.3　公布 TPM 项目完成的人员绩效考核奖励结果。

4.4　顾问师

4.4.1　协助绩效管理委员会工作，及时完成交办任务的确认和完成率的统计。

4.4.2 对绩效管理委员会相关绩效管理工作提出建议和方案。

4.5 小组成员

4.5.1 负责协助制定集体绩效考核指标和个人考核指标。

4.5.2 负责绩效管理考核工作的具体组织工作。

4.5.3 使用绩效管理考核工具和指标体系，结合工作计划和实施情况对承担TPM项目的相关人员进行绩效考核。

4.5.4 负责TPM项目绩效面谈，指导员工进行绩效改进。

5 内容

5.1 TPM项目的绩效管理方式

5.1.1 时间频次。绩效管理委员会根据TPM项目计划，月度绩效评价为每月一次（每月8日，结果记入当月绩效），中期绩效评价暂定为×年×月，结项评价暂定为×年×月。

5.1.2 评价检查方式

5.1.2.1 现场检查。根据各部门工作计划的内容，绩效管理委员会成员持绩效考核检查表等表单逐条检查是否落实到位，并做好检查记录。绩效考核检查表等表格必须经由考核部门经理或负责人签字确认，根据检查结果在2日内汇总、统计完毕，并形成现场结果。

5.1.2.2 顾问检查。顾问根据阶段检查会确认结果，提供每月各部门计划完成率等数据，上报绩效管理委员会。

5.1.2.3 如果对TPM项目阶段性工作的进度和质量在检查时无法合理界定，由主任委员或副主任委员根据时间进度和该项工作的总体计划要求，合理确定出目前该项工作的实际完成质量和进度，作为该项工作绩效考核的依据。

5.2 TPM项目的绩效内容及项目

5.2.1 月度评价

5.2.1.1　出勤率（绩效占比10%）。部门TPM项目推进期间，小组成员参与现场活动、出席TPM阶段总结会议的出勤率。

5.2.1.2　月度计划完成率（绩效占比25%）。顾问老师交办工作，部门横向展开计划等工作的计划完成率。

5.2.1.3　现场检查评分（绩效占比25%）。示范设备TPM开展的照片、文件等佐证资料，TPM宣传看板及时更新，月度培训转训计划完成率。

5.2.1.4　月度汇报（绩效占比10%）。部门项目小组每月PPT阶段汇报、部门每月TPM考试达标率。

5.2.1.5　月度TPM考试（绩效占比10%）。部门成员月度TPM考试达标率。

5.2.1.6　OEE提升（绩效占比20%）。有统计的设备OEE提升值。

5.2.2　中期评价

5.2.2.1　中期评审评分（绩效占比25%）。TPM项目推进中期，评审组对各部门的评审成绩。

5.2.2.2　项目推进前三个月作业完成平均分（绩效占比25%）。

5.2.2.3　项目推进前三个月设备OEE提升（绩效占比25%）。

5.2.2.4　项目推进前三个月现场检查评分（绩效占比25%）。

5.2.3　结项评价

5.2.3.1　结项评审评分（绩效占比25%）。TPM项目推进结项时，评审组对各部门的评审成绩。

5.2.3.2　项目推进后三个月作业完成平均分（绩效占比25%）。

5.2.3.3　后项目推进期间设备OEE提升（绩效占比25%）。

5.2.3.4　项目推进后三个月现场检查评分（绩效占比25%）。

5.3　绩效体系评价标准

绩效体系评价标准见表10-4。

表 10-4　绩效体系评价标准

类　别	维　　度	占比	评价标准（负分保持不变；正分为5×部门TPM项目推进的难度系数）							
月度评价	1. 出勤率	10%	达标值	<80	80	85	90	92	96	100
			绩效分	-3分	-2分	-1分	0分	+1分	+3分	+5分
	2. 月度计划完成率	25%	达标值	<80	80	85	90	92	96	100
			绩效分	-3分	-2分	-1分	0分	+1分	+3分	+5分
	3. 现场检查评分	25%	达标值	≤54	56	58	60	70	85	100
			绩效分	-3分	-2分	-1分	0分	+1分	+3分	+5分
	4. 月度汇报	10%	达标值	≤70	75	80	85	90	95	100
			绩效分	-3分	-2分	-1分	0分	+1分	+3分	+5分
	5. 月度TPM考试	10%	达标值	≤70	75	80	85	90	95	100
			绩效分	-3分	-2分	-1分	0分	+1分	+3分	+5分
	6. OEE提升	20%	达标值	0	1	2	4	6	8	≥10
			绩效分	-3分	-2分	-1分	0分	+1分	+3分	+5分
中期评价	1. 中期评审评分	25%	达标值	≤60	65	75	85	90	95	100
			绩效分	-3分	-2分	-1分	0分	+1分	+3分	+5分
	2. 作业完成平均分	25%	达标值	<80	80	85	90	92	96	100
			绩效分	-3分	-2分	-1分	0分	+1分	+3分	+5分
	3. OEE提升	25%	达标值	0	1	2	4	6	8	≥10
			绩效分	-3分	-2分	-1分	0分	+1分	+3分	+5分
	4. 现场检查平均分	25%	达标值	≤54	56	58	60	70	85	100
			绩效分	-3分	-2分	-1分	0分	+1分	+3分	+5分
结案评价	1. 结项评审评分	25%	达标值	≤60	65	75	85	90	95	100
			绩效分	-3分	-2分	-1分	0分	+1分	+3分	+5分
	2. 作业完成平均分	25%	达标值	<80	80	85	90	92	96	100
			绩效分	-3分	-2分	-1分	0分	+1分	+3分	+5分

（续）

类　别	维　　度	占比	评价标准（负分保持不变；正分为 5×部门 TPM 项目推进的难度系数）							
结案评价	3. OEE 提升	25%	达标值	0	1	2	4	6	8	≥10
			绩效分	-3 分	-2 分	-1 分	0 分	+1 分	+3 分	+5 分
	4. 现场检查平均分	25%	达标值	≤54	56	58	60	70	85	100
			绩效分	-3 分	-2 分	-1 分	0 分	+1 分	+3 分	+5 分

5.4　TPM 项目考核、奖励

TPM 项目考核、奖励条款具体见附件二内容。

6　附件

附件一：××公司 TPM 项目现场检查表

附件二：TPM 项目考核、奖励条款明细表

附件一：××公司 TPM 项目现场检查表

被检查示范小组：			检查日期：	检查人：		
序号	项目	检查项目	检查标准	检查内容	分值	得分
1	TPM 活动开展	活动过程记录类	活动过程的照片、任务分配表、安全注意事项	有无照片，附上时间记录	10 分	
		清扫工具类	工具清单记录完整，有自制工具，现场清扫工具准备充分	有无记录，是否有自制工具，工具准备是否充分	10 分	
		不具合点类	不具合点清单记录完整，不具合点数及不具合点改善数达到项目要求，无法立刻改善的项目现场挂有 F 标签	有无记录，数量是否达到项目要求，现场有无 F 标签	10 分	
		每月计划、总结汇报等相关材料	按格式要求整理材料，按时间上交材料	是否按格式整理材料，是否按时间上交材料	10 分	

（续）

序号	项目	检查项目	检查标准	检查内容	分值	得分
2	TPM设备	TPM设备维护	设备有损坏或松动的及时维修，日常维护按规定执行	是否有不及时维修、维护现象	20分	
		TPM设备清洁	设备及其邻近范围内的尘埃、油渍、水渍、碎屑及废料等及时处理	是否有油渍、水渍、碎屑及废料	20分	
3	TPM宣传看板	资料完善	按自主保养、计划保养、个别改善看板栏目标准格式发布内容，且各栏目内容齐全	是否按格式整理材料，内容是否完善	5分	
		内容更新	按自主保养、计划保养、个别改善看板栏目及时更新内容	是否及时更新	5分	
4	TPM培训	培训教材	根据顾问老师、企业下发的教材，结合部门活动开展制作培训教材	有无培训教材	5分	
		培训记录	培训签到表和培训过程照片	有无记录，有无照片	5分	
说明	（1）评分梯度：分值为5分的，评分为1分一个梯度；分值为10分的，评分为2分一个梯度；分值为20分的，评分为4分一个梯度 （2）评分等级：很好、好、一般、差、很差 （3）评分尺度标准：根据检查组人员的尺度评分，评分低于正常值时要求必须跟责任人当面沟通，指出问题、纠正思想、改进方法等					
总分	100分	检查得分：				

附件二　TPM 项目考核、奖励条款明细表

考核条款明细	考核责任人	考核金额
1. 未按计划执行 TPM 推进活动	部门中层/对应责任人	50 元/次
2. 未按标准流程进行初期清扫（工具、表格、照片等）	部门中层/对应责任人	30 元/次
3. 现场活动、出席会议小组成员人数未达标（80%）	部门中层/对应责任人	30 元/次
4. 部门宣传看板内容未及时更新	部门中层/对应责任人	30 元/次
5. 岗位 OEE 数据填写不规范	部门中层/对应责任人	30 元/处
6. 岗位 OEE 数据填写弄虚作假	部门中层/对应责任人	50 元/处
7. 部门 TPM 阶段计划完成率低于 90%	部门中层/对应责任人	30 元/项
8. 部门未按要求及时整理、保存、上交阶段资料	部门中层/对应责任人	50 元/次
9. TPM 活动开展执行标准低，未达到顾问要求事项	部门中层/对应责任人	50 元/次
奖励条款明细	奖励责任人	奖励金额
1. 对 TPM 活动推进提出有针对性、可行性建议或对策	对应责任人	参考合理化建议制度/技术进步项目鉴定
2. 对 TPM 困难源、发生源提出针对性、可行性建议或对策	对应责任人	参考合理化建议制度/技术进步项目鉴定

10.3 推行 TPM 活动的意义

TPM 是人、机、法综合协调的产物。它通过对设备、业务的改善，促使人的思想发生变化，特别是促进员工形成主人翁意识，从而给企业带来竞争活力。先进的设备管理是制造型企业降低成本、增加效益的最直接、最有效的途径。

企业通过实施TPM，让操作人员学习自主保养能力，让保全人员学习高度专业的保养技能，以及让生产技术人员具有免保养的设备计划能力。也就是说，要想杜绝工作场所中的一切损失，必须将设备与人的体质作一番改变。即使在事务、设计、营业、研发等管理相关部门，也可改善人与组织、功能的体质，以达到TPM改善企业体质的目的。总的来说，企业推行TPM活动的意义，概括下来主要有以下三点：

1）自主保养对员工自己、保全部门和企业会形成“三赢”的局面。

2）在传统的分工条件下，员工负责使用，保全部门负责维修，两者常常会有矛盾。如果通过平时的养护使设备少发生故障，或出了一些小的故障后员工自己就能解决或通过电话指导就能解决，解决问题的时间就会缩短，对工作的影响就会减少，工作效率就会提升。

3）通过员工的自我保全，保全部门的工作量会明显下降，保全人员“救火”的工作也会减少，就可以使那些确实需要专业支持的地方得到及时、满意的服务。这对企业意味着工作效率的提升、维修成本的下降和员工满意度的提高。

参 考 文 献

[1] 日本设备维护协会. 新 TPM 加工组立篇 [M]. 中卫发展中心 TPM 小组, 译. 台北: 财团法人中卫发展中心, 2007.

[2] 林宏墩, 吴瑞成, 许石城, 等. 跃向全球的全面生产管理之路——TPM 的台湾经验 [M]. 台北: 财团法人中卫发展中心, 2010.

[3] 高福成. 1/2 TPM [M]. 北京: 机械工业出版社, 2013.

[4] 杰弗瑞·莱克. 丰田模式 [M]. 李芳龄, 译. 台北: 美商麦格罗·希尔国际股份有限公司台湾分公司, 2007.

[5] 史长银. TPM 现场执行手册 [M]. 深圳: 海天出版社, 2006.

[6] 大野耐一. 丰田生产方式 [M]. 谢克俭, 李颖秋, 译. 北京: 中国铁道出版社, 2006.

[7] 徐保强, 李葆文. TnPM 推进实务和案例分析 [M]. 北京: 机械工业出版社, 2007.

[8] 谭信孚, 黄志坚, 王大千. 规范化的设备润滑管理 [M]. 北京: 机械工业出版社, 2008.

[9] 李葆文, 徐保强. 规范化的设备维修管理——SOON [M]. 北京: 机械工业出版社, 2006.

[10] 麦郁穗. 全面规范化生产维护 (TnPM) 技术与应用 [M]. 北京: 中国石化出版社, 2010.

[11] 郁君平. 设备管理 [M]. 北京: 机械工业出版社, 2001.

[12] 松井顺一. 丰田可视化管理方式 [M]. 胡馨予, 译. 北京: 东方出版社, 2013.

[13] 李家林, 林岳儒. 目视精细化管理 [M]. 深圳: 海天出版社, 2011.

[14] 孙科柳, 吴发明. 全面可视化管理 [M]. 北京: 人民邮电出版社, 2008.

[15] 佃律志. 零浪费丰田生产方式 [M]. 滕永红, 译. 北京: 东方出版社, 2013.